Das Buch der Nacht

Bernd Brunner

DAS
BUCH
DER
NACHT

Galiani
Berlin

Wenn die Sonne untergeht ☽ 9

Vom Wesen der Nacht ☽ 11

Die Nacht vor den Menschen ☽ 13

Stille der Nacht ☽ 15

Die Muße nächtlicher Lesestunden ☽ 20

Unterwegs in der Nacht ☽ 25

Wie wir schlafen ☽ 31

Was Menschen in der Nacht umtreibt ☽ 37

Wundersame Träume ☽ 42

Nacht am Tag ☽ 48

Nächtliches Gegenüber ☽ 54

Geschöpfe, für die der Mond die Sonne ist ☽ 57

Rascheln, Stöhnen, Lachen ☽ 62

Die Gedanken der Tiere in der Nacht ☽ 65

Vom Nachtschatten und anderen Nachtgewächsen ☽ 67

Finsternis, Licht, Tag und Nacht ☽ 71

Nacht im alten Rom ☽ 75

Als die Nächte noch Nächte waren ☽ 78

Wie der Nacht die Dunkelheit abhandenkam ☽ 82

Nachtarbeiter ☽ 94

Noctivaganten und das Lob der Nacht ☽ 100

Atemlos durch die Nacht ☽ *107*

Nächtliche Verwandlungen ☽ *116*

Ein kurzer Abstecher in die Welt nächtlicher

Fantasien ☽ *119*

Das Rätsel der Dunkelheit und des Mondes ☽ *121*

Mitternachtszauber ☽ *126*

Nächtliche Verbrechen ☽ *132*

Nachtgestalten ☽ *140*

Irrlichternde Elemente ☽ *148*

Bilder von der Nacht ☽ *151*

Feuer am Nachthimmel ☽ *156*

Lichter über dem Meer ☽ *160*

Die Durchleuchtung der Nacht ☽ *165*

Wem gehört die Nacht? ☽ *172*

Wenn die Sonne aufgeht ☽ *174*

Weiterführende Literatur ☽ *178*

Personenverzeichnis ☽ *185*

Danksagung ☽ 190

»Unsere ganze Geschichte ist bloß Geschichte des
wachenden Menschen; an die Geschichte des schlafenden
hat noch niemand gedacht.«
    Georg Christoph Lichtenberg

Wenn die Sonne untergeht

Zunächst ist es nur ein Moment der Irritation, doch dann nimmt man es wirklich wahr: Die Zeit der Dämmerung ist gekommen. Die Farben verblassen. Das Licht wird schwächer und sanfter, die Schatten werden länger. Es ist das allmähliche Dunkelwerden am Abend, das *crepusculum,* wie die Römer diese Phase nannten. In den Bergen verdunkeln zuerst die Täler und Schluchten, doch bald werden auch die Hänge farblos. Nur die noch direkt von der Abendsonne beleuchteten Gipfel scheinen golden nachzuglühen.

Bald berührt die Sonnenscheibe den Horizont. Man sieht Rot-, Gelb- und Orangetöne – das Licht trifft in der Atmosphäre auf verschiedene Luftschichten. Die höheren, nicht vollständig durchsichtigen, werfen das Sonnenlicht teilweise zurück und zerstreuen es. Um die Abenddämmerung in ihrer ganzen Dimension und Dramatik zu erfassen, empfiehlt sich ein Aussichtspunkt, von dem man westwärts auf weite Landschaft oder offenes Meer blicken kann.

Ist es ein klarer Tag, fällt die Temperatur und die relative Luftfeuchtigkeit steigt. Krähen machen sich auf den Weg zu ihren Schlafplätzen. Hier und da kann man schon einen Stern erkennen. Auch die blinkenden Positionslichter der Flugzeuge sind zu sehen. In Städten gehen hier und da Lampen an.

Schon sind wir in der dunkleren Phase der Dämmerung, der blauen Stunde. Ein weiches Licht färbt den Himmel tiefblau. Eine Lieblingszeit der Fotografen. Doch auch andere wurden von ihr inspiriert: Für Jacques Guerlain, die legendäre französische »Nase«, war sie Veranlassung für eine Duftkomposition. Die Idee dafür soll ihm während eines Spaziergangs in der Dämmerung gekommen sein, als die Natur in diesem blauen Licht geradezu badete und ihn das Gefühl überkam, der Mensch befinde sich in dieser stillen Stunde »mit der Welt und dem Licht in Einklang«. Es sei die Zeit, so wird Guerlain weiter zitiert, »wenn die Nacht noch nicht zu den Sternen gefunden habe«. Sein Damenparfüm trägt passenderweise den Namen *L'heure bleue* und verbreitet einen orientalisch blumigen Geruch mit einem Hauch von Vanille.

Vor dem Heimweg ein letzter Blick in den Himmel: War das noch eine flinke Schwalbe oder doch schon eine Fledermaus, die zwischen den Häuserreihen umherfliegt und den Luftraum systematisch nach Insekten abzusuchen scheint? Bald sieht man nur noch den seltsam ruckenden Flug der Fledermäuse.

»Die Sonne sinkt herab im West,
der Abendstern geht auf;
die Vögel schlummern schon im Nest,
und ich such meines auf.
Der Mond im Gefilde
Des Himmels thront milde
in schweigender Pracht
und lächelt der Nacht.«
William Blake,
Lieder der Unschuld und Erfahrung

Vom Wesen der Nacht

Nacht ist dort, wo die Sonne fehlt – nämlich wenn die Erde sich bei ihrer täglichen Rotation so weit gedreht hat, dass man sich auf ihrer Schattenseite befindet. Der sogenannte ›Terminator‹, die Tag-Nacht-Grenze, bewegt sich in Äquatornähe mit 1670 Stundenkilometern in westlicher Richtung über die Erde. Thomas Hardy beschreibt dieses Gefühl der Bewegung in seinem Roman *Am grünen Rand der Welt:* »*Für jemanden, der in solch einer klaren Mitternacht allein auf einem Hügel steht, wird die Rotation des Erdballs zu einem fast greifbaren Erlebnis. Vielleicht wird dieses Gefühl von dem Panorama der Sterne hervorgerufen, die über das Irdische wandern, vielleicht hängt es auch mit dem weiten Blick zusammen, der sich von einem Hügel aus bietet, mit dem Wind oder mit der Einsamkeit; der Eindruck, dass man dahingetragen wird, ist jedenfalls, was immer die Ursache sein mag, sehr lebendig und unabweislich.*«

Was geschieht nicht alles in der Nacht! Bleibt man wach, bringt die Dunkelheit die gewohnten Koordinaten der Wahrnehmung in Bewegung. Die Fesseln der Kontrolle lösen sich, die Vorstellungskraft wird freier, Geruchs- und Geschmacksinn werden geschärft, Geräusche, die tagsüber untergehen, werden besonders deutlich wahrgenommen. Auch das Gefühl für Zeit und Raum verändert sich. Mehr als sonst kann man sich als winzigen Teil des Universums begreifen.

Es ist paradox: Gerade die Dunkelheit, die mit dem Einbruch der Nacht einsetzt, öffnet den Blick in die Ferne, in die Unendlichkeit des Weltalls. Am klaren Nachthimmel kann man bei günstigen Bedingungen rund sechstausend Sterne erkennen – wir sehen dabei auch Lichter aus einer Zeit, lange bevor unser Sonnensystem existierte.

Auch wenn der Gegensatz zwischen Tag und Nacht durch die leichte Verfügbarkeit künstlicher Lichtquellen heutzutage weniger stark ist als in vormodernen Zeiten, ist die Nacht für den Menschen doch noch immer rätselhafter, erklärungsbedürftiger als der Tag. Janusköpfiger zudem: Mag man sie als gefährlich und bedrohend empfinden – sie bietet doch immer zugleich Freiräume, die man am Tag nicht hat. Zusammenkünfte, die der Verfolgung ausgesetzt und im Licht des Tages zu auffällig sind, finden nachts statt. Und die Nacht ist die Zeit der Liebenden, die für den Wechsel in andere Identitäten, für das Experimentieren mit sozialen Rollen, für Gewagtes. Mancher erwartet sehnsüchtig die Nacht, in der ihm alles möglich scheint, in der sich Sehsüchte erfüllen, die tags unmöglich sind. Die Nacht nährt sowohl Furcht als auch Faszination.

Der französische Schriftsteller Charles Péguy fragte sich einmal, wie sich eigentlich Tag und Nacht zueinander verhalten. Er interpretierte es auf seine Weise:

> *»Es sind die Tage, die die Nacht durchlöchern, durchbrechen; keineswegs unterbrechen die Nächte den Tag. Es ist der Tag, der die Nacht anlärmt – ansonsten würde sie schlafen. Die Einsamkeit, das Schweigen der Nacht ist so schön und so groß, daß es sogar die Tage umgibt und umschließt und umhüllt. … Es ist die Nacht, die stetig ist. Die Nacht ist das Gewebe der Zeit, der Vorrat des Seins. … Es ist der Tag, der sticht, und die Tage sind bloß Inseln im Meer. Unterbrochene Inseln, welche das Meer unterbrechen.«*

Die Nacht vor den Menschen

Als die Erde vor viereinhalb Milliarden Jahren entstand, gab es keine Nacht. Einen Tag im landläufigen Sinne aber auch nicht. Denn erst mussten sich Unmengen von Staub legen, damit Sonnenlicht zur Erdoberfläche durchdringen konnte und es überhaupt einen Unterschied zwischen Tag und Nacht geben konnte. Auch war die Erdumdrehung viel schneller als heute, die Nächte damit viel kürzer. Erst das Auftauchen des Mondes und seine Gravitation versetzten der Erdbewegung eine Bremse. Da der Mond der Erde anfänglich viel näher war und sich seitdem allmählich fortbewegt, war der Trabant sehr viel größer und deutlicher sichtbar.

Heutzutage lassen sich selbst vom Weltraum aus vielerorts Ansammlungen von künstlichem Licht auf der Nachtseite der Erde ausmachen. Doch schon immer war der sonnenabgewandte Teil der Erdoberfläche nicht völlig dunkel. Vulkanausbrüche erhellten hier und da die Erde. Flüssiges Magma, das sich aus ihrem Inneren ergoss, tauchte die Umgebung in ein rotes Zwielicht. Blitze gibt es, seitdem sich die Atmosphäre gebildet hat. Feuer gibt es freilich erst, seitdem Pflanzen wachsen, die Sauerstoff erzeugen. Jetzt konnten Blitzschläge Waldbrände hervorrufen.

Schon seit Urzeiten legte das Nordlicht seine faszinierenden Schleier um die Arktis. Und überall auf der Welt warf der Mond seinen Schein auf die Erdoberfläche, während er am Nachthimmel seine Bahnen zog, und spendete dabei je nach Phase und Wetterlage mal stärkeres, mal schwächeres Licht.

Erst der Mensch kam auf die Idee, die Nacht bewusst durch Feuer zu erhellen.

Und in der Moderne gelang es ihm, die Nacht durch künstliches Licht beliebig zum Tage zu machen.

Stille der Nacht

D ie sprichwörtliche Stille der Nacht wird oft als unheimlich wahrgenommen. »Der Tag hat Augen, die Nacht Ohren«, sagt ein schottisches Sprichwort. Das Bellen oder Heulen eines Hundes, das Knarzen eines Baumstammes, das unerwartete Zuschlagen einer Tür, das Schreien eines Kindes, selbst Schritte, die niemandem zuzuordnen sind, jagen einem leicht den kalten Schweiß auf die Stirn. Nachts kann man sich nur beschränkt auf die Sinnesorgane verlassen, die tagsüber am wichtigsten sind: die Augen. In gewisser Weise tritt das Gehör an ihre Stelle und man orientiert sich an Geräuschen. Fehlen auch diese, kann dies ziemlich verstörend sein, man findet sich nicht mehr zurecht. Abgesehen davon ist absolute Stille gar nicht so leicht zu finden. Am Meer geht ein leichter Wind und man hört das Brechen der Wellen am Strand. An der Decke des Zimmers läuft ein Ventilator oder der Kühlschrank brummt im Hintergrund. Auf dem Dach des Hotels summt die Klimaanlage …

Manche träumen davon, in einer lauen Sommernacht unter einem offenen Sternenhimmel zu nächtigen – um dann festzustellen, dass einem die ungewohnte Situation mit ihrer fremden Klangkulisse, den Windbewegungen und der früh einsetzenden Morgendämmerung den Schlaf rauben kann. Bei jemandem, der damit nicht vertraut ist, werden Schutzinstinkte aktiviert, die einen tiefen Schlaf verhindern. Das ist ein Problem, das die Tuareg, ein bis heute weitgehend nomadisch lebendes Berbervolk in der Sahara, nicht kennen. Sie schlafen auf Matten im Freien und haben ihr Gehör für Geräusche geschult. Ihr Schlafrhythmus hängt nicht von Helligkeit

»*Der Mond zeigte sich über den Wipfeln der Bäume; ein balsamischer Windhauch, welchen die Königin der Nächte aus dem Orient mitbrachte, schien ihr wie frischer Odem in die Wälder vorauszugehen; das einsame Gestirn stieg nach und nach am Himmel empor: bald in raschem, ungehindertem Lauf, bald über Wolkengruppen hinkletternd, welche den Gipfeln einer mit Schnee gekrönten Bergkette glichen. Alles wäre Stille und Ruhe gewesen ohne das Fallen einiger Blätter, die Erscheinung eines plötzlichen Windstoßes und das Geächze einer Waldeule; in der Ferne hörte man das dumpfe Gebrause des Niagarafalls, das in der Stille der Nacht sich von Wüste zu Wüste fortpflanzte und in den einsamen Wäldern erstarb. In solchen Nächten erschien mir eine unbekannte Muse; ich sammelte einige ihrer Klänge und verzeichnete sie beim Sternenlicht in mein Buch, wie ein gewöhnlicher Musiker die Noten aufschreiben würde, die ein großer Musiker ihm diktierte.*«

François-René de Chateaubriand,
Memoiren (während seiner Reise nach Nordamerika 1791)

und Dunkelheit ab, sondern eher davon, ob ihre Tiere am Tag oder während der Nacht weiden. Oft sind die Tuareg während der kühleren Nacht auf Wanderschaft – das Schlafdefizit machen sie dann einfach später wett.

An jedem Ort klingen die Nächte ein wenig anders. Der österreichische Forschungsreisende Alfons Gabriel beschrieb seine Erfahrung in *Durch Persiens Wüsten:*

> *»Noch andere Laute werden in Sandwüsten vernommen und können die Ursache der verschiedensten Gehörstäuschungen werden, besonders, wenn sich die Nacht herabgesenkt hat und mit der Dunkelheit die Verlassenheit doppelt fühlbar wird. Diesmal ist es ein Poltern und Brummen, das bald von fern und bald von nah ertönt und von überhöhten Dünen herrührt, von denen Teile in den Binnenhof abgleiten. Zu sehen ist nichts als Sand, herzzerreißend öder Sand, und in schwindelerregender Höhe der Weltenraum, das blinkende Himmelsgewölbe. Starr ist alles rundum, nur wenn ein Windstoß in die Dünen greift, dann hastet es wie tausend kleine Schlangen im Nachtlicht über den Boden.«*

Gabriel war nicht der Einzige, der solchen Eindrücken lauschte. Um das durch Sandlawinen hervorgerufene »Singen« oder Dröhnen von Dünen aufzunehmen, begab sich der Toningenieur Trevor Cox vor einigen Jahren zu den Dumont-Dünen in die kalifornische Mojave-Wüste, nahe der Geisterstadt Kelso. Die Nächte waren dafür besonders günstig, denn tagsüber pfiff ihm meistens der Wind um die Ohren: *»In der Abenddämmerung und am Morgen jedoch legte sich der Wind, und es trat Stille ein. Nachts wurde diese nur einmal unterbrochen, als Kojoten in der Nähe wie Gespensterbabys im Rudel heulten und mit ihrem fast musikalischen Fiepen und Schwatzen an meinen Nerven zerrten.«* Es forderte Cox einiges ab, einen geeigneten Abhang auf der Düne zu finden, der steil genug war, dass er herunterrutschen und eine Lawine auslösen konnte. Das Ergebnis allerdings konnte sich hören lassen: Cox erinnerte das Geräusch »an das Dröhnen eines am Boden rollenden Propellerflugzeugs auf einem Flugplatz«.

Tropische Nächte unterscheiden sich von denen gemäßigter Breiten durch den gewaltigen akustischen Pegel, der sich mit dem Einzug der Dunkelheit einstellt. Glucksen, Schreien, Klappern – alles Getier scheint zu erwachen. Das folgende Zitat aus Marguerite Duras' Roman *Der Liebhaber* beschreibt eine Szenerie im Süden Vietnams, wo sie geboren wurde:

> *»Manchmal in Vinhlong, wenn meine Mutter traurig war, ließ sie den Tilbury anspannen und wir fuhren aufs Land hinaus, um uns die Nacht der Trockenzeit anzusehen … Licht stürzte vom Himmel in Fluten von reiner Transparenz, in Wirbeln aus Stille und Reglosigkeit. Die Luft war blau, wir nahmen sie in die Hand. Der Himmel war ein unentwegtes Zucken aus Lichterglanz. Die Nacht machte alles hell, das ganze Land zu beiden Seiten des Flusses, soweit das Auge reichte. Jede Nacht war besonders, jede konnte benannt werden nach der Zeit ihrer Dauer. Die Laute der Nächte waren die Hunde auf dem Land. Sie heulten das Geheimnis an. Sie antworteten einander von Dorf zu Dorf, bis zum völligen Ende von Raum und Zeit der Nacht.«*

Dass es in tropischen Nächten noch deutlich tumultuöser zugehen kann, belegt Louis-Ferdinand Céline bei seiner Beschreibung einer zentralafrikanischen Nacht in *Reise ans Ende der Nacht:*

> *»Und dann schloss sich die Nacht mit all ihren Ungeheuern dem Tanze an, unter tausend- und abertausendfachem Gequake aus Krötenmäulern. Der Wald wartet nur auf dieses Signal, um aus all seinen Tiefen loszuzittern, loszupfeifen, loszukreischen. Ein gewaltiger Liebesbahnhof, lichtlos, berstend. Ganze Bäume quellen über vor lebenden Leckerbissen,*

*verstümmelten Erektionen, Entsetzlichkeiten. Schließlich
verstand man in der Hütte sein eigenes Wort nicht mehr.
Ich musste selber über den Tisch jaulen wie ein Waldkauz,
damit mein Gegenüber mich verstand. Ich war bedient, ich
habe das Landleben nie ausstehen können.«*

Die Muße
nächtlicher Lesestunden

Wer nachts lieber wach bleibt, dürfte vermutlich auch für die Faszination spätabendlicher oder sogar nächtlicher Lektüre empfänglich sein. Die Welt um sich herum zu vergessen und sich ganz in der Lektüre eines Buches zu verlieren, ist in der Stille der Nacht einfacher. Wenn man im Bett liest, ist es neben der Dunkelheit dann auch die vertraute Geborgenheit, die eine ganz besondere Atmosphäre schafft.

Gutenachtgeschichten gibt es inzwischen nicht nur für Kinder, sondern auch für Erwachsene. Welche sich besonders für die nächtliche Lektüre eignen – ob aufwühlende Krimis, eher Beruhigendes oder ein Sachbuch (wie dieses) –, hängt ganz vom Leser ab. Jeder muss in sich selbst hineinhören, welche Gedanken er besonders gerne mit in den Schlaf nimmt.

Für den Schriftsteller Alberto Manguel entwickeln die Bücher seiner Bibliothek bei Nacht »Stimmen«, die viel über die Welt, den Platz der Bücher in derselben sowie die Menschen erzählen, die die Bücher geliebt, verteufelt, verbannt oder sogar verbrannt haben. »Bei Licht lesen wir das, was andere ersonnen haben; in der Dunkelheit erfinden wir unsere eigenen Geschichten.« Und er schrieb: »Die Bibliothek, die in den Morgenstunden die Sehnsucht nach einer streng an Vernunftprinzipien orientierten Weltordnung widerspiegelt, taucht nachts voller Freude ein in das elementare, fröhliche Durcheinander der Welt.« Gerne stellt man sich vor, wie er »das Lesen in der dichten Stille« genießt, »wenn die Lichtkegel der Leselampe die Regale« seiner Bibliothek spalten, wie sein Blick zwischendurch abschweift und den im Lampenlicht tanzenden Staubteilchen folgt.

Bibliotheken, die rund um die Uhr geöffnet sind, befördern diese besondere Lesegewohnheit. Was sich an amerikanischen Universitäten schon lange eingebürgert hat, setzt sich in Europa bisher allerdings nur zögerlich durch. An den Hochschulen von Dortmund, Freiburg, Konstanz und Karlsruhe hat man gute Erfahrungen damit gemacht. Obwohl immer mehr Medien online verfügbar sind, schätzen viele Studenten offenbar die Gemeinschaft der anderen Lesenden und Lernenden.

Etliche Menschen früherer Zeiten dürften bei der Lektüre eines Buches im Kerzenschein eingeschlafen sein. Man kann nur hoffen, dass ihr Bett nicht in Flammen aufgegangen ist. Nicht ohne Weiteres von der Hand zu weisen sind die Bedenken, dass das Lesen mit elektronischen Geräten zu später Stunde dem Schlaf danach abträglich sei, weil das Licht die Bildung des schlaffördernden Hormons Melatonin unterdrückt. Gedruckte Bücher haben hier gegenüber Lesegeräten oder Smartphones einen Vorteil, weil das zum Lesen notwendige Licht nicht so intensiv ist. Vielleicht kommt jemand auf die Idee, Bücher zu drucken, deren Buchstaben mit leuchtender Druckerschwärze gedruckt sind. Dann müsste man nicht einmal mehr die Lampe eingeschaltet lassen.

Marguerite Duras zählt zu denen, die sich ausdrücklich zu den Qualitäten nächtlichen Lesens geäußert haben: In einem Interview meinte sie: »Man kann nicht bei zwei Lichtern gleichzeitig lesen, dem Licht des Tages und dem Licht des Buches. Man sollte bei elektrischem Licht lesen, den Raum im Dunkeln, und nur die Seite beleuchtet.«

Oft erfolgt das Lesen bei Nacht im Geheimen; dann hat es noch einen zusätzlichen besonderen Reiz. Hinweise finden sich hier und

*»Man muss die Nacht gesehen haben,
bevor man den Tag begreift.«*
    Anne Sexton

»In der Nacht ist jede Katze ein Leopard.«
    Italienisches Sprichwort

»Jede Nacht, wenn ich schlafen gehe, sterbe ich. Und am nächsten Morgen, wenn ich aufwache, werde ich wiedergeboren.«
    Mahatma Gandhi

»Nur im Dunkeln sieht man die Sterne.«
    Martin Luther King

»Wozu sind die Tage? Um uns aufzuwecken. Um die endlosen Nächte zu unterbrechen. Wozu dienen die Nächte? Um durch die Zeit in eine andere Welt zu fallen.«
    Laurie Anderson

»Trägt nicht alles, was uns begeistert, die Farbe der Nacht?«
  Novalis

»Ich verfluche die Nacht, doch verbirgt sie mich vor dem Tag.«
  William Drummond

»Die Nacht hat tausend Augen, und der Tag nur eins.«
  Francis William Bourdillon

»Was hat die Nacht mit dem Schlaf zu tun?«
  John Milton

»Jeder Tag hat seine Plage, und die Nacht hat ihre Lust.«
  Johann Wolfgang von Goethe

»Je dunkler die Nacht, desto heller die Sterne, desto tiefer die Trauer, desto näher ist Gott!«
  Fjodor Dostojewski

da in der Literatur. Geoffrey Chaucer zum Beispiel lässt seine Protagonistin im *Buch der Herzogin* wie folgt sprechen:

> *»So als mir war, ich fänd' kein Schlaf;*
> *zu später Stund' nach mancher Nacht,*
> *auf meinem Bett nahm ich den Sitz*
> *und bat, man reiche mir ein Buch,*
> *ein Ritterbuch, das gab man mir*
> *zu lesen, bis die Nacht vorbei,*
> *denn mich dünkt dieses bessre Spiel*
> *als Schach und andrer Zeitvertreib am Brett.«*

Etwas mehr ist über die Lektüre bekannt, die Samuel Pepys nach einem geselligen Abend, den er mit Gesang und Wein mit Freunden verbracht hatte, mit auf sein Zimmer nahm. Es handelte sich um das Buch *L'école des filles (Die Mädchenschule),* ein, wie er versicherte, »anstößiges Buch«, das ihn wohl gerade deswegen zur Mitnahme reizte. Anfänglich versucht Pepys, sich einzureden, er tue dies reinen Gewissens, denn er lese das Buch nur »zum Zwecke der Information« – aber je länger die Lektüre fortschreitet und je mehr Wirkung sie entfaltet, desto klarer wird Pepys die Lächerlichkeit seines Selbstbetrugs. Scham und Zerknirschung setzen ein und schlussendlich entscheidet er sich dazu, das Buch – nach Gebrauch freilich – zu verbrennen. Immerhin vertraute er das seinem Notizbuch und damit der Nachwelt an. Die meisten dürften pornografische Schriften eher unter der Bettdecke im Licht einer Taschenlampe studiert und darüber kein Wort verloren haben.

Unterwegs in der Nacht

Also man soll sich warnen lassen, des Abends nicht auszureisen, sondern lieber bleiben, wo man ist; denn die Nacht ist niemands Freund«, schrieb der Meister Johann Dietz, des Großen Kurfürsten Feldscher, in *Mein Lebenslauf* um die Wende vom 17. zum 18. Jahrhundert: Wenn man aber doch unbedingt reisen musste, bot sich die Zeit des Vollmonds an. Gefahrenstellen auf Wegen waren leichter zu erkennen, auch Räuber konnte man besser ausmachen. Wann immer möglich, begab man sich in Gemeinschaft mit anderen auf den Weg. Amulette, Rosenkränze und Lampen gaben manchen Reisenden das Gefühl, gegen böse Geister und Verbrecher besser gewappnet zu sein. Andere führten lieber Waffen mit sich, mit denen sie sich im Notfall zur Wehr setzen konnten.

Das 19. Jahrhundert hielt dann eine große Innovation bereit, die auch das Reisen in der Nacht grundlegend verändern sollte. Der belgische Ingenieur Georges Nagelmackers, der in den 1860er-Jahren in Amerika gewesen war, holte die Idee der Pullmanwagen, luxuriöse Schlaf- und Salonwagen, nach Europa, wo sie in verschiedenen Ländern eingeführt wurden. Nagelmackers hatte als Gründer der *Compagnie Internationale des Wagons-Lits* auch wichtigen Anteil an der Entwicklung des legendären Orientexpress. Die im Inneren oft mit wertvollen Holzpaneelen ausgestatteten Luxuszüge bestanden neben Speise- und Salonwagen auch aus speziell ausgestatteten Schlafwagen mit manchmal zehn Abteilen, die tagsüber zum Sitzwagen umgebaut werden konnten. Wenn Fremde ein

Abteil gemeinsam belegten, wurde anfänglich noch darauf geachtet, dass sie demselben Geschlecht angehörten.

Bei Dunkelheit in fremde Regionen zu reisen, ist nicht jedermanns Sache: »Sonderbares Gefühl, in einem Bett zu liegen und hingerissen zu werden durch die Nacht. Dazu dreht sich außerdem noch die Erde um sich selbst und um die Sonne. Schwer, da nicht nervös zu werden«, schrieb Alfred Polgar einmal.

Es gibt eine Menge Faktoren, die einen bei nächtlichen Bahnfahrten aus der Ruhe bringen können: Verdächtig wirkende Fremde, die noch eine letzte Zigarette im Gang nehmen, bedeutungsschwer in die Dunkelheit nach draußen schauen, obwohl sie nur ihre Eigenreflexion auf der Glasscheibe erkennen können. Ruckartige Bewegungen und das enervierende Quietschen des Zuges auf den Schienen. Sich lauthals beschwerende, streitende, angetrunkene, womöglich übelriechende Mitreisende, die sich dann hoffentlich doch noch in ein anderes Abteil zurückziehen. Streulichter von Lampen auf Bahnhöfen unbekannter Ortschaften, die einen immer wieder aus dem Halbschlaf holen. Entblößte Körper von Fremden, mit denen man eigentlich eher nicht konfrontiert werden möchte. Schlecht gelaunte Schaffner, die genau in dem Moment die Tür aufschieben, wenn man gerade einmal etwas zur Ruhe gekommen ist.

Die leidenschaftliche Weltenbummlerin Agatha Christie dürfte mit *Mord im Orient-Express* – einem Roman, in dem auf einer dreitägigen Fahrt von Konstantinopel nach Calais nachts ein Mord geschieht, der auf ebendieser Fahrt auch aufgeklärt wird – eine der reizvollsten Kriminalgeschichten um das Thema der Schlafwagenreise in der Bahn herum konstruiert haben.

Bald nach Einführung der Züge kamen auch Bücher auf den Markt, die sich der Besonderheiten des nächtlichen Bahnreisens annahmen und Ratschläge erteilten wie etwa *Zur Technik des Reisens* des Ingenieurs Robert Haardt (veröffentlicht um 1921):

»Insbesondere auf Nachtfahrten wird man auf zweckmäßige Ventilation des Abteils zu sehen haben, um einerseits die schlechte Luft und, wie das im Frieden oft der Fall war, die überheizte Atmosphäre aus dem Abteil kontinuierlich abziehen zu lassen, ohne andererseits durch zu viel Fensteröffnen gesundheitsschädliche Zugluft zu bewirken und durch zu viel einströmende Morgenkühle einen allgemeinen Schnupfen hervorzurufen … Das Offenlassen der Fenster in der Nacht gibt auch manchmal Dieben Gelegenheit zum ›Eingreifen‹. Öfter als auf europäischen Bahnen kann das den Passagieren auf Bahnen in den Tropen begegnen, wenn sie es verabsäumen, vor dem Schlafengehen die spalettartig, also luftdurchlässig ausgebildeten Holzfenster heraufzuziehen.«

Der Marquis de Venosta in Thomas Manns Roman *Bekenntnisse des Hochstaplers Felix Krull* war in der glücklichen Lage, sein Abteil nicht mit Fremden teilen zu müssen, konnte aber trotz seiner »angeborenen Liebe und Begabung zum Schlaf, entgegen der Leichtigkeit, mit der ich sonst in die süße und wiederherstellende Heimat des Unbewußten einzukehren pflegte, und trotz der Wohlaufgemachtheit meines Reisebettes erster Klasse« nur schwer Schlaf finden. Dafür gab es eine einfache Erklärung:

»Was hatte ich auch vor Schlafengehen, der ersten Nacht entgegensehend, die ich in einem dahineilenden, schwankenden, stoßenden, bald haltenden, bald ruckweise wieder anfahrenden Zuge verbringen sollte, so viel Kaffee trinken müssen? Das hatte geheißen, mich mutwillig des Schlafs zu berauben, um den auch die mir neue gerüttelte Lage allein mich sonst nicht zu bringen vermocht hätte.«

Auch Gasthäuser sind Orte, in denen einander völlig Unbekannte aufeinandertreffen, die sich dann irgendwie miteinander für die Nachtzeit arrangieren mussten. Das gilt genauso für die Grandhotels, die ab dem späten 19. Jahrhundert entstanden. Die Menschen mussten lernen, sich taktvoll aus dem Weg zu gehen, wenn sie die Nacht unter demselben Dach verbrachten. Sofern sie den Kontakt nicht suchten, denn es wurde dort nicht nur zufällige Geselligkeit gepflegt: Hotels waren immer auch Orte für amouröse Abenteuer, illegitime Liebesbeziehungen und fragwürdige Transaktionen. Allein reisende Frauen hatten zuweilen erhebliche Schwierigkeiten, in einem Hotel unterzukommen. So wies das Fifth Avenue Hotel in New York noch im März 1891 eine mitten in der Nacht um ein Zimmer bittende Dame schlicht ab, was dann allerdings einen Eklat nach sich zog. Die wohl verlässlichsten Einblicke in die Geheimnisse der Gäste hatte der Nachtportier, denn er hatte den Überblick, wer wann kam und wieder ging oder auch nicht. Klaus Mann deutet in seinem *Gruß an das zwölfhundertste Hotelzimmer* eine mögliche Komplikation an:

> *»Wie ist der Nachtportier?*
> *Gestattet er mir, meinen Besuch mit aufs Zimmer zu nehmen,*
> *schaut höflich beiseite, wenn ich, mit gemachter Selbstverständ-*
> *lichkeit, vorbeischlendere an seiner Loge?*
> *Oder spielt er den strengen – ›bitte sich ins Schreibzimmer zu*
> *bemühen, gibt es noch was zu besprechen.‹«*

Zudem zogen diese Häuser immer auch notorisch heimatlose Existenzen, mehr oder weniger fragwürdige Gestalten und auch Kriminelle an. Und wohl zwangsläufig gab es Beschwerden über Gäste, die sich nicht an die Regeln der »Nachbarschaft auf Zeit« halten wollten. Kaum jemand dürfte die Klaviatur möglicher Geräusche – und zwar sowohl tagsüber als auch während der Nacht – in einem Hotelzimmer so beflissentlich dokumentiert haben wie Hermann Hesse in seinen *Aufzeichnungen von einer Badener Kur*:

> *»Wie schmerzlich und ergeben blicken wir zur weiß getünchten*
> *Zimmerdecke empor, welche stets im Augenblick der Besichti-*

gung in schweigender Leere grinst, um dann abends und mor-
gens von den Schritten der Obenwohnenden zu dröhnen – ach,
und nicht nur von Schritten, das sind bekannte und also nicht
die schlimmsten Feinde! Nein, über diesen harmlos weißen Plan
rollen in der Stunde des Verhängnisses, ebenso wie durch die
dünne Tür und Wand, ungeahnte Geräusche und Vibrationen,
weggeworfene Stiefel, zu Boden fallende Spazierstöcke, mäch-
tige rhythmische Erschütterungen (auf hygienische Turnübun-
gen deutend), umgeworfene Stühle, ein vom Nachttisch stürzen-
des Buch oder Glas, das Rücken von Koffern und Möbelstücken.
Dazu die Menschenstimmen, die Gespräche, die Selbstgespräche,
das Husten, das Lachen, das Schnarchen! Und weiter, schlim-
mer als dies alles, die unbekannten, unerklärlichen Geräusche,
alle jene seltsamen, geisterhaften Laute, die wir nicht deuten,
deren Herkunft und vermutliche Dauer wir nicht ahnen können,
jene Klopf- und Wühlgeister, all jenes Knacken, Ticken, Flüstern,
Blasen, Saugen, Rauschen, Seufzen, Knarren, Picken, Sieden –
weiß Gott, welch reiches unsichtbares Orchester sich in den
paar Quadratmetern eines Hotelzimmers verbergen kann!«

Vergleichsweise verhalten war der Kommentar von Thomas Mann, der im Waldhotel National im Schweizer Arosa in sein Tagebuch notierte: »Nachts tadelnswerte Störung durch lärmende Gäste«. Und es waren nicht nur menschliche Geräusche, die die Hotelnacht zur Hölle machen konnten. So erinnerte sich der britische Kompo-nist Edward Elgar, nachdem er 1905 in Istanbuls legendärem Pera Palace Hotel genächtigt hatte: »In der Nacht der furchterregendste Lärm durch die Hunde – ein Geräusch, das ich nie für möglich gehalten hätte. So, als wären vierzigtausend Hunde direkt unter dem Fenster«.

Daneben gab es immer wieder auch die zufälligen Begegnungen, zumindest die Hoffnung darauf, wie sie Mario Wirz in *Umarmungen am Ende der Nacht* einmal skizziert hat:

»Ich lasse die Tür sperrangelweit offen. Vielleicht verirrt sich ein Hotelgast in mein Zimmer. Ein angsttrunkener Handlungsreisender, dem es egal ist, wohin er sich legt. Irgendjemand, der bereit ist, in dieser Nacht einen Unbekannten zu wärmen. Wir können uns nicht retten, aber wir können uns trösten.«

Wie wir schlafen

Wann gingen die Menschen schlafen, bevor künstliches Licht den Tag immer weiter in die Nacht verschob? Folgt man den Untersuchungen des amerikanischen Historikers Roger Ekirch, schlief man in Europa bis zum achtzehnten Jahrhundert nicht am Stück durch, sondern unterbrach die Nachtruhe durch mindestens eine Phase längerer Aktivität – eine Beobachtung, die der folgende Auszug aus *Don Quijote* von Miguel de Cervantes belegt:

> *»Die Nacht war ziemlich finster, obgleich der Mond am Himmel stand, freilich nicht an einer Stelle, wo man ihn sehen konnte; denn manchmal geht Frau Diana bei den Gegenfüßlern spazieren und lässt die Waldberge schwarz und die Täler dunkel. Don Quijote entrichtete der Natur seinen Zoll, indem er dem ersten Schlummer unterlag, aber den zweiten gestattete er sich nicht; ganz im Gegensatze zu Sancho, der einen zweiten Schlaf nicht kannte, weil bei ihm der erste vom Abend bis zum Morgen dauerte, worin sich seine kräftige Gesundheit und sein Mangel an Sorgen zeigte.«*

Wie Ekirch herausgefunden hat, lässt sich dieses Schlafmuster nicht etwa nur bis in die Zeit des frühen Christentums zurückverfolgen, als Mönche für nächtliche Gebete aufstehen mussten, sondern bis in die Spätantike.

Die Zeit des Wachens mitten in der Nacht konnte mit Rauchen, Besuch von Nachbarn, Feuermachen, Gebeten, intimem Beisammensein und vermutlich auch mit dem Nachdenken über die eigenen Träume verbracht werden: »Wenn die Menschen aus ihrem ›Mitternachtsschlaf‹ erwachten, blickten sie häufig wie durch ein Kaleidoskop auf die leicht verschwommenen, aber plakativen Bilder ihrer Träume. Wie schon in der Antike spielten Träume auch in der Neuzeit eine wichtige Rolle. Man glaubte, dass sie die Zukunft wie auch die Vergangenheit enthüllten, schätzte deren prophetische Qualitäten und die Möglichkeit, über die Träume ein tieferes Verständnis für den Zusammenhang zwischen Körper und Seele zu erlangen«, so Ekirch.

Kriminelle nutzten die Gelegenheit, um zu dieser Zeit leere Geschäfte zu plündern, Brennholz zu stehlen oder Früchte von den Bäumen zu holen. Andere, wie der Landwirt Henry Best of Elmswell im 17. Jahrhundert, gingen nach draußen, um herumstreunende Tiere von ihren Feldern zu vertreiben.

Mit der zunehmenden Verfügbarkeit von künstlichen Lichtquellen veränderte sich diese Aufteilung der Nacht, vor allem in den Städten. Ekirch datiert dies auf das 18. Jahrhundert. Bei Charles Dickens gibt es eine andere Unterscheidung: Da ist die Nacht »der Lichter und Vergnügen«, in der sich die Menschen zusammenfinden, und die andere, die sich mit »Schuld und Dunkelheit« verbindet.

Über den Schlaf werden mitunter gewagte Hypothesen aufgestellt. Manche Menschen sind davon überzeugt, auf Vorrat schlafen zu können – sie wagen den Vergleich mit den Kamelen, die es verstehen, Wasservorräte zu tanken. Das Sprichwort »Sechs Stunden Schlaf für einen Mann, sieben für eine Frau, acht für einen Narren« wird manchmal Napoleon Bonaparte zugeschrieben, der in Zeiten hoher Belastung nachts sogar nur vier Stunden geschlafen haben soll. Der enorm produktive Leonardo da Vinci soll – so geht zumindest eine nicht belegte Legende – nur alle vier Stunden für jeweils zwanzig Minuten, insgesamt sechsmal, also zwei Stunden pro Tag geruht haben. Dieser polyphasige Schlaf wird auch als Uberman (»Übermensch«)-Schlafmuster bezeichnet (und soll hier bestimmt nicht zur Nachahmung empfohlen werden). Schlafforscher verweisen darauf, dass längere Erholungsphasen (bei allen individuellen Unterschieden) unbedingt notwendig sind, wenn man eine Zeitlang mit sehr kurzen Schlafphasen auskommen musste.

Die Liste der Mittel gegen Schlaflosigkeit dürfte mindestens so lang sein wie die ihrer vermuteten Ursachen. Menschen, die aus welchen Gründen auch immer nicht schlafen können, hat es schon immer gegeben. Angst, Lärm, Kälte, Hunger und Krieg können Schlaf verhindern. Kunstlicht, selbst intensives Mondlicht, das den Weg durchs Fenster findet, ist ihm abträglich. Und nicht zuletzt wirkt sich das blaustichige Licht von Smartphones negativ auf den Spiegel des Schlafhormons Melatonin im Blut aus. Zudem gibt es noch all die trüben Gedanken der Schlaflosen, denen die so sehnlichst herbeigewünschte Flucht in den Schlaf verwehrt bleibt. Bewusste Einschlafanstrengungen wie Schäfchen zählen, sich rauschende Bergquellen vorstellen oder sich »Bettschwere« einreden, können gerade das Gegenteil bewirken. Paradoxerweise ist es oft zielführender, sich darin zu versichern, man müsse wach bleiben – um einschlafen zu können. Anna Seghers' Ich-Erzähler in ihrem Roman *Transit* wähnt sich gar an einem ganz anderen Ort:

>*»Ich hatte selbst beim Einschlafen die Empfindung, auf einem Schiff zu sein, nicht, weil ich so viel von Schiffen gehört hatte oder eins benutzen wollte, sondern weil ich mich schwindlig und elend fühlte in einem Gewoge von Eindrücken und Empfindungen, die ich keine Kraft mehr hatte, mir zu erklären. Auch drang von allen Seiten ein Lärm auf mich ein, als schliefe ich auf einer glitschigen Planke inmitten einer betrunkenen Mannschaft. Ich hörte Gepäckstücke rollen und krachen, als lägen sie schlecht verwahrt im Lagerraum eines vom Meer geschüttelten Schiffes. Ich hörte französische Flüche und spanische Abschiedsbeteuerungen, und endlich hörte ich noch aus weiter Ferne, doch durchdringender als alles, ein kleines einfaches*

Lied, das ich zum letztenmal in meiner Heimat gehört hatte,
als noch niemand von uns wusste, wer Hitler war, nicht einmal
er selbst. Ich sagte mir, dass ich sicher nur träumte. Ich schlief
dann auch wirklich ein.«

Jeder Schlaflose hat seine eigene Geschichte. Einen denkwürdigen
Fall aus der Praxis hat Anton Tschechow in seiner gleichnamigen
Erzählung beigetragen. Darin begibt sich Koroljow, der Assistent
eines Moskauer Arztes, auf den Weg in die Provinz, um eine unter
Schlaflosigkeit leidende junge Frau namens Lisa, die Tochter eines
Kattunfabrikanten, aufzusuchen: »sie sei schon seit langem krank
und hätte sich von verschiedenen Ärzten behandeln lassen; in der
letzten Nacht, vom Abend bis zum Morgen, hätte sie solches Herz-
klopfen gehabt, dass kein Mensch im Hause geschlafen habe; man
hätte gefürchtet, sie könnte sterben.« Auf dem Weg zu ihr sieht
Koroljow die ungesunden, vom Alkohol gezeichneten Arbeiter.
»Fast jede Nacht ist es mir so schwer ums Herz«, sagt Lisa. Bald wird
klar, dass sich in der Schlaflosigkeit der jungen Frau ihr schlechtes
Gewissen wegen der Ausbeutung der Arbeiter verdichtet. Denn, wie
Koroljow erfährt, gehören ihr die fünf Fabrikgebäude. Koroljow:
»Als Besitzerin dieser Fabrik und reiche Erbin sind Sie unzufrieden,
glauben nicht an Ihr Recht und können deshalb nicht schlafen. Das
ist natürlich besser, als wenn Sie zufrieden wären, ruhig schliefen
und glaubten, dass alles in Ordnung sei. Ihre Schlaflosigkeit ist
ehrenvoll; in jedem Falle ist sie ein gutes Zeichen.«

Emily und Charlotte Brontë, denen man Schlaflosigkeit nach-
sagt, sollen abends vor dem Zubettgehen so lange um ihren Ess-
tisch herumgelaufen sein, bis sie die nötige Schwere für den Schlaf
erlangten. Nach Emilys Tod soll sich Charlottes Schlafproblem noch
verstärkt haben, so dass sie ihre Streifzüge bis zum Morgengrauen
in der Nachbarschaft und zum Friedhof fortsetzte.

Von extremer Schlaflosigkeit wurde der rumänische, dem Nihi-
lismus zuneigende Schriftsteller Emil Cioran geplagt, der in einer

heruntergekommenen Pariser Mansardenwohnung lebte. »Was ist eine einzige Kreuzigung verglichen mit jener täglichen, die der Schlaflose erleidet?«, fragte er einmal. Marcel Proust dürfte zu den berühmtesten Schlaflosen zählen. Er schrieb mit höchster Konzentration die Nächte hindurch, genoss aber eben auch den großen Luxus, tagsüber ruhen zu können. Bekannt ist allerdings auch, dass er nachts weniger unter seinen allergischen Anfällen litt. Hatte er womöglich einfach den normalen Rhythmus, nachts zu schlafen und tagsüber zu wachen, auf den Kopf gestellt, weil seine Gedanken nachts freier waren? Das Beispiel von Proust macht deutlich, wie sehr der gesellschaftliche Status über das Wachsein bei Nacht entscheidet, welchen Zwängen die Menschen bei der Gestaltung ihres Tages- und Nachtablaufs unterliegen. Jemandem, der Tag für Tag frühmorgens zur Arbeit geht, bleibt der Luxus, die Nacht in allen ihren Facetten erfahren zu können, sich auch von ihr inspirieren zu lassen, verschlossen.

Die Utopie eines Menschen, der mit nur sehr wenig Schlaf auskommt, ohne seine Gesundheit zu gefährden, geistert hier und da immer noch durch die Köpfe: Einige Wissenschaftler wollen ergründen, wie es anderen Lebewesen gelingt, mit langen Wachphasen umzugehen. Ein erstaunliches Beispiel bietet die Dachsammer, ein kleiner amerikanischer Singvogel, der zu den Sperlingsvögeln zählt. Man hat herausgefunden, dass dieser Vogel bis zu zwei Wochen lang wach bleiben und damit die Flugstrecke von Alaska bis in den Norden Mexikos ohne Unterbrechung zurücklegen kann.

Die Protagonistin in Ulrike Kolbs Roman *Die Schlaflosen* sinniert:

»Warum gibt es kein Mittel, das uns vom Schlaf erlöst, von dieser gottgewollten Zeitverschwendung? Wie hat der Therapeut doch neulich gesagt? Es geht nicht darum, dass Sie nicht schlafen können, sondern dass Sie nicht schlafen wollen! Und wie er das gesagt hat! Als hätte er ein verheimlichtes Verbrechen in meinem Leben aufgedeckt.

Gleich kommt da wieder so ein Guru, der uns etwas einreden will. Von wegen Schlaf sei die Wiege des Lebens, die Quelle der Energie, das Dunkel, dem wir das Helle verdanken, und ähnliche Trivialitäten ... dabei ist nichts gewaltiger als so ein Synapsenchor der nachts Wachen!«

Was Menschen
in der Nacht umtreibt

»Nacht ist es: nun reden lauter alle springenden
Brunnen. Und auch meine Seele ist ein springender
Brunnen.
Nacht ist es: nun erst erwachen alle Lieder der
Liebenden. Und auch meine Seele ist das Lied eines
Liebenden.«
    Friedrich Nietzsche, »Das Nachtlied«, *Also sprach Zarathustra*

Die Dunkelheit verstärkt Stimmungslagen und die Empfäng-
lichkeit für Reize. Manche ziehen diese Zeit für kreative
Arbeit vor, weil sie weniger von Lärm und anderen Ablenkungen
gestört werden und sich besser konzentrieren können. Die Tatsache, dass die nächtliche Welt um sie herum nur diffus oder gar nicht
wahrzunehmen ist, erlaubt ihnen Gedankenflüge, die sie in dieser
Form am Tage kaum erfahren.

Viele Kopfarbeiter ziehen sich ganz bewusst in die dunklen Stunden zurück und verbrennen das »midnight oil« ihrer Lampe. Der
kubanische Schriftsteller José Martí bezeichnete die Nacht einmal
als »die fördernde Freundin der Poesie«. Honoré de Balzac hatte
die Angewohnheit, sich gleich nach dem Abendessen um sechs oder
sieben Uhr schlafen zu legen – »wie die Hühner«, schrieb er – und
bis ein Uhr morgens zu schlafen. Dann stand er auf, arbeitete sieben

Stunden, bis er sich von acht bis halb zehn Uhr Zeit für ein kurzes Nickerchen gönnte, bevor er Gäste empfing, ein Bad nahm und aus dem Haus ging. Womöglich haben ihm fünfzig Tassen Kaffee am Tag dabei geholfen, diesen ungewöhnlichen Rhythmus zu bewältigen – aber das ist nicht mehr als ein Gerücht.

Diese Art von Wach-Schlaf-Rhythmus wurde damals als *dorveille* bezeichnet – eine Kombination aus »dormir« (schlafen) und »veiller« (wach bleiben). Bei H. P. Lovecraft, dem Verfasser von Horrorliteratur, kann man einen Zusammenhang zwischen Schlafverhalten und dem von ihm bevorzugten Genre voraussetzen: »In der Nacht, wenn sich die objektive Welt in ihre Höhle verkrochen hat und die Träumenden sich selbst überlässt, kommen Eingebungen und Fähigkeiten zum Vorschein, die zu jeder weniger magischen und ruhigen Stunde unmöglich sind. Niemand weiß, ob er ein Schriftsteller ist, wenn er nicht den Versuch unternommen hat, nachts zu schreiben.«

Anderen dagegen scheint gerade die Übergangszeit der frühen Morgenstunden den notwendigen Kick zu geben. Die amerikanische Literaturnobelpreisträgerin Toni Morrison wird mit den Worten zitiert: »Ich stehe auf und bereite mir eine Tasse Kaffee zu, wenn es noch dunkel ist – es muss unbedingt noch dunkel sein – dann trinke ich den Kaffee und beobachte, wie das Licht kommt«. Der Schriftsteller Dimitré Dinev schrieb lange ausschließlich nachts, stellte sich dann aber auf die frühen Morgenstunden zwischen vier und sieben Uhr um und lieferte sogar eine ganz erstaunliche, anthropologische Erklärung dafür, warum er genau dann am produktivsten sei: Es sei die Dankbarkeit seines Körpers, »in dessen Genen der Urrhythmus unzähliger Geschlechter von Bäuerinnen und Bauern gespeichert ist, die jahrhundertelang mit ihren Tieren aufgestanden sind«.

Nicht immer ermöglicht das Wachen bei Nacht oder in den frühen Morgenstunden Kreativität, die gedankliche Eroberung neuer Gebiete und Fragestellungen: Während des Tages verdrängte und auf irgendeine Weise belastende Gedanken können sich deutlicher bemerkbar machen. »In der Dunkelheit der Nacht so allein, da wird das Tiefste, was man will, recht deutlich!«, meinte Bettina von Arnim einmal.

Manche bekommen nun zu spüren, dass die Nacht, wie man sagt, »nicht allein zum Schlafen da« ist. Man dreht gedanklich sich im Kreise. Die Versuchung, den Dämonen der Schlaflosigkeit mithilfe von Tabletten zu entfliehen, ist groß. Man erinnert sich, bedauert vielleicht, die eine oder andere Entscheidung getroffen zu haben, die sich einmal richtig anfühlte, aber mit der Zeit doch als falsch herausgestellt hat. Einsamkeit, Trennungsschmerz, auch die Trauer um einen verlorenen Menschen wird von vielen nachts besonders intensiv erfahren. »Ich blieb wach wegen Frauen, Verlust und Miss-erfolgen, wegen eingebildeter und wirklicher Ängste und Gefah-ren, wegen Eitelkeiten und Beleidigungen, die ich zugefügt oder eingesteckt habe«, schrieb der jugoslawische Nobelpreisträger Ivo Andrić, der oft mit Schlaflosigkeit zu kämpfen hatte. Ein Lichtblick für ihn war jedoch, dass ihn all diese Themen im Alter nicht mehr mit derselben Intensität trafen, vieles ging »im Meer des Vergessens und der Bewusstlosigkeit« unter.

Vor allem bei Kindern ist zuweilen der sogenannte *pavor noc-turnus* zu beobachten. Sie schrecken mit weit geöffneten Augen aus dem Tiefschlaf hoch und ringen um Orientierung. Auch krankheits-bedingte Schmerzen können sich nachts besonders deutlich bemerk-bar machen. Gicht ist bekannt dafür, dass sie über Nacht kommt und die von ihr Befallenen dann mit starken Schmerzen erwachen.

In welcher Beziehung stehen die Gedanken, mit denen man sich am Tag beschäftigt hat, und jene, die sich während der Nacht bemerkbar machen? »Mein Sohn, sey mit Lust bey den Geschäften am Tage, aber mache nur solche, dass wir bey Nacht ruhig schla-fen können«, war das Credo, mit dem Johann Buddenbrook die Geschäfte an seinen Sohn übergab.

Das Schlafwandeln zählt zu den faszinierendsten nächtlichen Verhaltensphänomenen. Als auslösende Faktoren gelten Stress, bestimmte Medikamente und vermutlich auch genetische Disposition. Dass sich Somnambulisten mit ausgestreckten Armen und geschlossenen Augen »traumwandlerisch« in schwindelnder Höhe von einem Dachfirst zum nächsten bewegen ist ein schönes, wenn auch beunruhigendes Bild, das seinen festen Platz in der Vorstellungswelt gefunden hat – dennoch ist es sehr unwahrscheinlich. Ähnlich wie die Aktionen der in einen Nachtumhang gehüllten Amina in Vincenzo Bellinis Oper *La sonnambula* (1831), die bei Vollmond auf einem Holzsteg neben dem munter plätschernden Wasser eines Mühlrads balanciert. Nach allem, was heute bekannt ist, schlafen die Betroffenen nur physisch, ihr mit Trieben, Emotionen und Instinkten verbundenes Bewusstsein ist hellwach: Sie können – erstaunlicherweise – Auto fahren, kochen, essen und sogar jemanden umbringen, denn die Kontrolle ist deaktiviert. Man schläft und ist eben gleichzeitig wach.

Im frühen 19. Jahrhundert wurde der Somnambulismus mit »ist schlafend, im Schlafe aber wachend« definiert und oft in Zusammenhang mit dem von Frank Anton Mesmer postulierten animalischen Magnetismus gebracht. Die nach der Mesmer'schen Methode arbeitenden Ärzte versetzten Kranke mithilfe von »magnetischen Heilströmen« durch Handauflegen und Luftstriche in einen schlafwandlerischen Zustand, aus dem heraus diese dann (angeblich) sagen konnten, welche Maßnahmen – meistens eine bestimmte Diät oder Badanwendungen – für ihre Heilung geeignet seien. Zuweilen wurden Somnambulisten damals auch hellseherische Fähigkeiten zugeschrieben. So konnte man 1817 im *Archiv für den thierischen Magnetismus* nachlesen, dass mehrere Somnambule in Stuttgart den »Tod einer hohen Person« vorhergesagt und damit Recht behalten hätten. Im 19. Jahrhundert gab es ohnehin ein starkes Interesse an parapsychologischen Phänomenen, spiritistische Sitzungen zum Beispiel waren beliebt. Sie wurden vor allem abends oder nachts abgehalten.

»Denn wie die Dunkelheit uns furchtsam macht und uns überall Schreckensgestalten erblicken läßt, so wirkt, ihr analog, die Undeutlichkeit der Gedanken; weil jede Ungewißheit Unsicherheit gebiert: deshalb nehmen des Abends, wenn die Abspannung Verstand und Urteilskraft mit einer subjektiven Dunkelheit überzogen hat, der Intellekt müde und beunruhigt ist und den Dingen nicht auf den Grund zu kommen vermag, die Gegenstände unserer Meditation, wenn sie unsere persönlichen Verhältnisse betreffen, leicht ein gefährliches Ansehn an und werden zu Schreckbildern. Am meisten ist dies der Fall nachts, im Bette, als wo der Geist völlig abgespannt und daher die Urteilskraft ihrem Geschäfte gar nicht mehr gewachsen, die Phantasie aber noch rege ist. Da gibt die Nacht allem und jedem ihren schwarzen Anstrich.«

Arthur Schopenhauer, *Aphorismen zur Lebensweisheit*

Wundersame Träume

Geschehen in der Nacht und im Schlaf tatsächlich Wunder? Oder, etwas bescheidener formuliert: Ist der Schlaf der Kreativität in besonderer Weise zuträglich? Die endgültige Beantwortung dieser Fragen muss noch ein wenig auf sich warten lassen. Immerhin kann als weitgehend gesichert gelten, dass sich eine Reihe von Erfindungen mit Nacht, Schlaf und Traumerleben verbindet. John Steinbeck meinte einmal: *»Viele haben die Erfahrung gemacht, dass ein am Vorabend schwierig erscheinendes Problem am Morgen gelöst ist, nachdem das Schlafkomitee daran gearbeitet hatte.«*

Eines der bekanntesten Beispiele lieferte Friedrich August Kekulé, der sich lange mit der komplizierten Molekülstruktur organischer Verbindungen beschäftigt hatte. Konkret ging es um das Benzol, das aus sechs Kohlenstoff- und weiteren sechs Wasserstoffatomen besteht. Doch wie sind diese angeordnet? Kekulé träumte von einer Schlange, die sich in den Schwanz beißt – er hatte die Eingebung, dass sich die Atome in einer Ringstruktur befinden müssen. Diese Erkenntnis wiederum war die Grundlage für die Synthese einer ganzen Reihe künstlicher Farbstoffe in der zweiten Hälfte des 19. Jahrhunderts. Über seinen Kollegen, den Chemiker Dimitri Mendelejew, heißt es, die Idee für das Periodensystem der Elemente sei ihm ebenfalls in einem Traum erschienen.

Etwas anders lag der Fall bei dem amerikanischen Maschinenbauer Elias Howe, der um das Jahr 1844 davon träumte, von Kannibalen gefangen genommen worden zu sein, deren Speere an der Spitze durchbohrt waren. Das wiederum war nicht nur die

Eingebung für die Entwicklung einer Nähmaschinennadel, sondern auch der ersten zuverlässig funktionierenden Nähmaschine überhaupt. Von einem Traum anderen Zuschnitts soll dagegen der italienisch-slowenische Komponist Giuseppe Tartini inspiriert worden sein. Er habe nämlich geträumt, einen Pakt mit dem Teufel geschlossen und ihm seine Violine gegeben zu haben. »Wie groß war mein Erstaunen, als ich ihn mit vollendetem Geschick eine Sonate von derart erlesener Schönheit spielen hörte, dass meine kühnsten Erwartungen übertroffen wurden. Ich war verzückt, hingerissen und bezaubert; mir stockte der Atem, und ich erwachte.« Tartini habe sich dann gleich daran gemacht, den Eindruck aus diesem Traum festzuhalten. Das daraus hervorgegangene Stück für eine Violine, das Tartini für sein bestes hielt, nannte er »Teufelstriller-Sonate«, gab allerdings auch zu, dass es an den Genius des vom Teufel gespielten Stückes nicht ganz herankam.

In einem seiner Essays erwähnt der argentinische Schriftsteller Jorge Luis Borges nicht nur Tartini, er führt auch den englischen Dichter Samuel Taylor Coleridge an, der nach der durch eine »Unpässlichkeit« bedingten Einnahme eines opiumhaltigen Schlafmittels Verse des Gedichts *Kublai Khan* geträumt hat. Kurz bevor er einschlief, hatte er einen Text von Samuel Purchas gelesen, in dem dieser »von der Erbauung eines Palastes durch Kublai Khan« berichtet, eines Palastes, der dem Kaiser vorher im Traum erschienen war. Obwohl er ursprünglich dreihundert Verse geträumt habe, sei Coleridge nach der Niederschrift der ersten fünfzig aber von einem unerwarteten Besuch unterbrochen worden und konnte sich dann nicht mehr an die restlichen erinnern. Was Borges so an dieser Sache fasziniert, ist nicht nur die aus dem Traum hervorgegangene vorzügliche Dichtung, sondern auch die Tatsache, dass ein mongolischer Kaiser im 13. Jahrhundert einen Palast erträumt hatte, diesen dann erbauen ließ und dieser Palast wiederum fünf Jahrhunderte später den Traum Coleridges durchdrang, vielleicht sogar bewirkte.

Handelt es sich um einen seltsamen Zufall? »Verlockender«, so schrieb Borges, »sind die Hypothesen, die über das Rationale hinausgehen. So könnte man beispielsweise annehmen, dass die Seele des Kaisers, nachdem der Palast zerstört war, in die Seele Coleridges eindrang, damit dieser ihn wiederaufbaue in Worten, dauerhafter als Marmor und Metalle«. Oder verbirgt sich hinter dem Traumvorgang gar ein übermenschlicher Urheber? Borges neigt schließlich der Vorstellung zu, dass es sich um einen Archetyp handele, »der den Menschen noch nicht offenbart wurde, ein ewiger Gegenstand ... auf dem Wege, in unsere Welt einzutreten«, der seine Verwirklichung zielstrebig einklagt.

Träume wurden lange als etwas überaus Wertvolles, als göttliche Eingabe betrachtet, die man verschieden deuten konnte. Aristoteles dagegen vertrat in seinem Aufsatz *Über die Weissagung im Schlaf* die Auffassung, Träume würden nicht etwa aus göttlicher Eingebung herrühren, sondern ihre Inhalte aus dem Tagesgeschehen schöpfen. Er benutzte auch die Analogie von der Reflexion eines Objekts in einem Spiegel oder in einer anderen glatten Oberfläche. Und er wandte sich dagegen, Schlaf und Wachheit als absoluten Gegensatz zu sehen.

Ab dem 17. Jahrhundert war es mit dieser Sichtweise, die dem Schlaf eine wichtige Rolle im Leben zuordnete, weitgehend vorbei. Die Mehrheit der Philosophen wollte nicht einsehen, welchen produktiven Beitrag der Schlaf überhaupt liefern könnte – einmal abgesehen davon, dass man einfach nicht ohne ihn auskommen kann. Arthur Schopenhauer wiederum sah das ganz anders: »Besonders aber gebe man dem Gehirn das zu seiner Reflexion nötige, volle Maß des Schlafs; denn der Schlaf ist für den ganzen Menschen, was das Aufziehen für die Uhr.« Oder, schon in den kapitalistischen Begrifflichkeiten seiner Zeit denkend: »Der Schlaf borgt vom Tode zur Aufrechterhaltung des Lebens. Oder: er ist der einstweilige Zins des Todes, welcher selbst die Kapitalabzahlung ist. Diese wird umso später eingefordert, je reichlichere Zinsen und je regelmäßiger sie gezahlt werden.«

Neben der Theorie über die Funktion des Traums als Wunsch-erfüllung, entwickelte Sigmund Freud die Vorstellung vom »Tages-rest«, wonach Träume an kurz zuvor Erlebtem anknüpfen und den Schlaf zudem stören. Er meinte auch, dass bestimmte Muster früh-kindlicher Wünsche dadurch aktiviert werden könnten. Womit sich die Ähnlichkeit zu Aristoteles' Auffassung allerdings auch schon erschöpft, denn Letzterer brachte Träume nicht mit dem kindli-chen Seelenleben bzw. dem Unbewussten in Verbindung.

Aber es gab auch gewagtere Ideen zum Traumgeschehen, man-che verknüpfen mit Träumen Vorahnungen, gar hellseherische Fähigkeiten. Ein im sensationalistischen *Pfennig-Magazin* aus dem Jahre 1833 geschilderter Fall erzählt eine solche Geschichte:

»Ein Geistlicher, der nicht weit von Edinburgh auf einem Dorfe wohnte, kam nach dieser Stadt und kehrte in einem Gasthofe ein, wo er auch übernachtete. Er träumte, er sehe ein Feuer und eines seiner Kinder sey mitten darin. Er erwachte, durch diesen Traum geschreckt, verließ sogleich Edinburgh und kehrte nach Hause zurück. Als er so weit gekommen war, daß er sein Haus sehen konnte, fand er dasselbe wirklich in Flammen stehen; er eilte fort und langte gerade noch zur rechten Zeit an, um Eines seiner Kinder zu retten, das man in der Angst und Verwirrung in einer gefährlichen Lage vergessen hatte.«

Solche Geschichten finden sich in diesen Zeitschriften zuhauf. Aber sind sie alle nur erfunden? Oder verbirgt sich hinter dem Traum eine scharfe Beobachtungsgabe des Unterbewusstseins? Ist das oft einer bizarren Logik folgende Traumgeschehen eine zweite Bewusstseinsebene? Manche gehen noch einen Schritt weiter. Ist es vielleicht sogar möglich, den Verlauf des Traumes zu steuern, wenn man sich der Tatsache bewusst ist, dass man träumt? Anhänger dieser Theorie meinen, der Trick bestünde darin, sich regelmäßig zu fragen, ob man wach sei und wenn man das verneine, dann sei der Moment für die »Hellsichtigkeit« gekommen. Tatsächlich gibt es in dem kalifornischen Lucidity Institute Wissenschaftler, die sich der Forschung zu diesem Thema verschrieben haben.

Der Warntraum aus dem *Pfennig-Magazin* erinnert entfernt an die Deutung der »Träume«, die zum Beispiel in den *Erzählungen aus Tausendundeiner Nacht* vorkommen. Hinter ihnen verbirgt sich ein leicht zu entschlüsselnder Symbolismus. »Der Traum ist in mittelalterlicher arabischer Literatur ein Mittel des Erzählers, vorherzusagen, was geschehen wird, – und als solches eine besondere Form literarischer Andeutung oder Vorwegnahme«, schreibt Robert Irwin in *Die Welt von Tausendundeiner Nacht*. Er erwähnt in diesem Zusammenhang den Traum des Gharib, der davon handelt, wie dieser samt seinem Gefährten Adschib von einem Raubvogel in die Luft getragen wird – was sich am nächsten Tag dann auch, zumindest innerhalb der Logik der Geschichte, ›tatsächlich‹ ereignet: »Viele der Träume in *Tausendundeiner Nacht* erweisen sich als ›self-fulfilling-prophecies‹, als Prophezeiungen, die sich selbst verwirklichen«.

Der italienische Schriftsteller Alberto Savinio konnte mit seinen Träumen anfänglich gar nichts anfangen, er verachtete sie sogar, verglich sie in seinem Buch *Neue Enzyklopädie* mit einem finsteren »Ort, an dem sich unreine Tiere und dunkle Gefahren verbergen«. Im Laufe der Jahre gelangte Savinio dann aber zu einer bemerkenswerten Erkenntnis:

> *»Die Träume verwirklichen das, was mein Denken als wacher Mensch nicht verwirklichen kann ... Jetzt beginne ich zu begreifen, warum die Träume sich immer eindringlicher bemerkbar machen. Damit ich mich an sie gewöhnen kann. Damit ich in sie übersiedeln kann. In Erwartung meiner ›totalen‹ Übersiedlung in die Träume. ... Und wenn das wache Leben nicht so zerstreut, so bewegt, vor allem so kurz wäre, dann würde es uns mit ein wenig Training vielleicht gelingen, freiwillig und frei in die Träume hinüberzugehen wie in eine Art Sommerfrische, in*

eine Ruhepause, und darin ›gesellschaftlich‹ einen Teil unserer Lebenszeit zu verbringen, uns als Freunde zu begegnen, die in verschiedenen und weit voneinander entfernten Ländern wohnen, und uns in der Herzlichkeit der Träume, der ›Unsterblichkeit‹ der Träume zu versammeln, so wie man sich in einem angenehmen, hellen und geheizten Raum zusammenfindet, während es draußen friert und in der Nacht uns die dampfenden Zähne und die feurigen Augen der Wölfe belauern.«

Savinio zeigt also, wie man Frieden mit den Träumen machen, spielerischer mit ihnen umgehen, ihnen gelassen begegnen kann. Vielleicht kannte er die Ideen des antiken Satirikers Lukian von Samosata über Träume und hatte Gefallen an ihnen gefunden:

»Was jedoch die Träume selber betrifft, so war weder ihr Wesen noch ihre Form identisch, sondern die einen waren lang, schön und wohlgestaltet, die anderen klein und hässlich und einige golden; wie es schien, andere von niedrigem oder geringem Wert. Es befanden sich unter ihnen auch abenteuerliche Flügelwesen und andere, die wie zu einem Festzug ausgerüstet waren, die einen zu Königen, andere zu Göttern, andere zu anderen derartigen Zwecken geschmückt. Viele von ihnen erkannten wir, da wir sie vor Jahren bei uns gesehen hatten; sie gingen auf uns zu, begrüßten uns als gute Bekannte, nahmen uns mit, schläferten uns ein und bewirteten uns recht glänzend und gewandt, indem sie uns nicht nur sonst eine großartige Aufnahme angedeihen ließen, sondern auch versprachen, uns zu Königen und Prinzen zu machen.«

Wie dem auch sei, die meisten Träume verlieren sich schnell und sind am Morgen schon vergessen. Etwas besser stehen die Chancen, sich an sie zu erinnern, wenn man direkt aus einem Traum erwacht oder sich dieser nur kurze Zeit zuvor ereignet hat.

Nacht am Tag

Dort, wo es immer dunkel ist, wo das Tageslicht keine Chance hat hinzugelangen, im Untergrund, herrscht ganztägig die geologisch bedingte Nacht. Hier gibt es Lebewesen, die sich an diese besonderen Bedingungen angepasst haben. In vielen Fällen bedeutet das, dass ihre Haut nur eine geringe Pigmentierung aufweist und sie nicht einmal Augen besitzen. Der Grottensalamander oder Höhlenmolch (Typhlotriton spelaeus), der im amerikanischen Bundesstaat Missouri vorkommt, vollzieht dabei eine erstaunliche Metamorphose. Während die in oberirdischen Gewässern lebenden Larven noch Augen haben, sind sie beim entwickelten, lungenlosen, halbdurchsichtigen, fern des Tageslichts lebenden Tier unter verwachsenen Lidern verborgen. Die Dunkelheit, die bei den meisten Menschen wohl klaustrophobische Gefühle hervorrufen würde, macht diesen Lebewesen nichts aus. Dass manche Tiere in natürlichen Höhlen Zuflucht suchen, ist auch darin begründet, dass diese konstante Temperaturen aufweisen.

Auch andere Lebewesen können mit wenig Licht auskommen. Shiitakepilze oder Champignons werden in weitgehend lichtlosen Kellern gezüchtet, wo es warm ist und eine hohe Luftfeuchtigkeit herrscht. Wie japanische Wissenschaftler herausgefunden haben, kann ihr Wachstum durch künstlich erzeugte Blitze angeregt werden. Schon vor hundert Jahren gelang die Kultivierung von Pilzen in den unterirdischen Steinbrüchen von Paris. Zuweilen verwendet man sogar stillgelegte Eisenbahntunnel für ihre Zucht.

Und es gibt eine Reihe von Orten, an denen Dunkelheit gezielt eingesetzt wird, um bestimmte Wirkungen bei den Menschen auszulösen, die sich dort aufhalten. Zum Beispiel in subterranen Kultstätten und Katakomben, die schon Jahrhunderte, in einigen Fällen sogar Jahrtausende alt sind: Die unterirdischen Städte Kappadokiens etwa, deren verbürgte Existenz bis in die Bronzezeit zurückreicht. Auch in Indien kann man solche verborgenen Architekturen finden. Jan Pieper erklärt in *Das Labyrinthische* einen möglichen Beweggrund: »Sowohl Hindus als auch Buddhisten sind der Ansicht, dass die Zurückgezogenheit ins Erdinnere, wo mächtige Felsschichten die Zelle des Mönches überdecken, enorme meditative Energien freisetzt«.

Walter Benjamin schreibt in *Das Passagen-Werk:*

»Man zeigte im alten Griechenland Stellen, an denen es in die Unterwelt hinabging. Auch unser waches Dasein ist ein Land, in dem es an verborgenen Stellen in die Unterwelt hinabgeht, voll unscheinbarer Örter, wo die Träume münden. Alle Tage gehen wir nichts ahnend an ihnen vorüber, kaum aber kommt der Schlaf, so tasten wir mit geschwinden Griffen zu ihnen zurück und verlieren uns in den dunklen Gängen. Das Häuserlabyrinth der Städte gleicht am hellen Tage dem Bewußtsein; die Passagen (das sind die Galerien, die in ihr vergangenes Dasein führen) münden tagsüber unbemerkt in die Straßen. Nachts unter den dunklen Häusermassen aber tritt ihr kompakteres Dunkel erschreckend heraus und der späte Passant hastet an ihnen vorüber, es sei denn, daß wir ihn zur Reise durch die schmale Gasse ermuntert haben. Aber ein anderes System von Galerien, die unterirdisch durch Paris sich hinziehen: die Metro, wo am Abend rot die Lichter aufglühen, die den Weg in den Hades der Namen zeigen. Combat – Elysée – Georges V – Etienne Marcel – Solferino – Invalides – Vaugirard haben die schmachvollen Ketten der rue, der place von sich abgeworfen, sind hier im

blitzdurchzuckten, pfiffdurchgellten Dunkel zu ungestalten Klo-akengöttern, Katakombenfeen geworden.«

Geisterbahnen mit ihren Schreckensfiguren katapultieren die Besucher mit ihren ruckartigen Bewegungen ins nachtartige Ungewisse. Seit etwa zwanzig Jahren erfreuen sich Restaurants einer gewissen Beliebtheit, in denen ganz im Dunkeln serviert und gespeist wird. Man findet sie in einigen Großstädten. Die Bedienung erfolgt oft durch Angestellte, deren Sehvermögen eingeschränkt ist und die es besonders gut verstehen, sich unter diesen Bedingungen zu bewegen. Sie sorgen auch dafür, dass die Gäste keine falschen Schritte oder Bewegungen machen, die andere verletzen könnten. Man betritt Dunkelrestaurants über eine Lichtschleuse. Die Sinne werden dabei auf ganz neue Weise herausgefordert: Beim Dinner im stockfinsteren Gastraum – jegliche Lichtquellen, auch Feuerzeuge oder Displays sind tabu – haben die Augen eine verdiente Pause. Allenfalls ein Aperitif zur Begrüßung wird noch im Hellen gereicht.

Richtig spannend wird es allerdings erst, wenn ein Überraschungsmenü serviert wird. Dann sind die Geschmackssinne gefordert: Entfalten die Speisen unter diesen Bedingungen möglicherweise ein besonders intensives Aroma? Die Rechnung wird dann aber doch im Hellen beglichen, da will man den Betrag doch lieber ganz genau sehen. Dunkelrestaurants sind übrigens nicht mit Nachtrestaurants zu verwechseln – Letztere sind ganz normale Restaurants, die einfach nur bis in den späten Abend oder noch länger geöffnet haben.

*»Ich will auch nicht versäumen, euch von einem Gastmahl
zu erzählen, das der Bankier Lorenzo Strozzi, der Bruder des
Schwagers des Herzogs Lorenzo von Urbino, veranstaltete.
Geladen waren vier ehrwürdige Kardinäle, nämlich Rossi, Cibo,
Salviati und Redolfi, alle Nepoten und Verwandte des Papstes,
und einige andere florentinische Narren und drei Huren. Es
war eines der großartigen Gastmähler, die in Rom veranstaltet
wurden, zugleich aber war es eine schreckenerregende Sache,
die den Kardinälen nicht gefiel. Als sie das Haus des genannten
Strozzi betraten, war es nur mit einem kleinen, billigen Licht-
lein erleuchtet. Sie wurden über Stufen erst hinauf, dann wieder
hinab geführt, überquerten einen Abgrund und kamen schließlich an eine schwarze Türe, die sich öffnete. Sie kamen in einen
Saal, der ganz in Schwarz verhangen war, ganz dunkel, und
rundherum war alles mit Totenschädeln voll. In den vier Ecken
des Saales waren vier Gemälde von ausgesprochen hässlichen
und erschreckenden Toten; hinter jedem stand ein kleiner Ker-
zenständer, was eine unheimlich angsteinflößende Wirkung
hatte.
In der Mitte des Saales stand ein ganz in Schwarz gedeckter
Tisch, darauf ein hölzerner Teller, auf dem sich zwei Toten-
schädel, vier Menschenknochen und vier hölzerne Tassen voll
Wein befanden. Der Hausherr sagte: ›Meine Herren, erfrischen
Sie sich, bevor wir gleich zum Essen schreiten.‹ Niemand wollte
etwas essen, da es einfach schrecklich aussah; dann aber*

drehten sich die Schädel und Knochen zur Seite und gekochter
Fasan und Bratwürste kamen zum Vorschein. Einer der Gäste
namens Fra Mariano, ein Hofnarr des Papstes, sagte zu einem
Brandino, der in Venedig viel mit Marietta Tressa zu tun gehabt
hatte und den alle Cordiale nannten, zu dem sagte also Fra
Mariano: ›Mein Cordial, wo sind wir hingekommen? Ich will
nicht, dass wir alle zugrundegehen.‹ Und er fing an, einen Bis-
sen zu essen und eine Tasse Wein zu trinken. Dann verließen
sie diesen Ort und betraten einen großen Saal, der sehr schön
wie der gestirnte Himmel aussah, mit zahllosen Lichtern. Dort
fanden sie eine Tafel, die mit dicken Tischtüchern gedeckt
war, und setzten sich. Es waren insgesamt 14. Kaum hatten sie
sich gesetzt, rumorte es im Saal und es erschienen vierzehn
Schüsseln Salat auf dem Tisch, eine für jeden. Dann wurde
nach Getränken verlangt und 14 Gläser wurden gereicht, aber
niemand konnte nachvollziehen, von woher; sie müssen von
unten gekommen sein. Dann wurden Fasane und Rebhühner
in Fülle aufgetragen. Aber kaum, dass sie beginnen konnten,
zu essen, hörten sie einen ungeheuren Lärm und der gestirnte
Himmel begann sich zu drehen. Und so wie die Fasane vor
ihnen erschienen waren, erschienen nun auch andere, aber
völlig ungenießbare Dinge, und das Licht erlosch. In diesem
Moment traten zwei Männer auf, der eine war gekleidet wie Fra
Mariano und der andere wie Brandino, und der eine sagte: ›Ich
bin Fra Mariano und ich möchte auch etwas essen.‹ Und etwas

ähnliches sagte der zweite Brandino. Als der echte Fra Mariano, der am Tisch saß, die beiden sah, sagte er: ›Mein Cordial, wir sind ja schon hier, ich weiß nicht, worum es sich bei diesen beiden handelt.‹ Nach einiger Zeit beruhigte sich der Himmel wieder. Die beiden, die wie Fra Mariano und wie Brandino gekleidet waren, gingen wieder ab, und die Kardinäle fingen zu kotzen an, und so auch einige andere, drei oder vier, und eine von den drei Huren, die zu den besten in Rom zählt und Madre mia non volè genannt wird. Und sofort kamen neue Gerichte aus verschiedenen Zutaten; aber die Kardinäle wollten nicht mehr länger bei Tisch bleiben und erhoben sich und gingen fort und das Gastmahl war schon vor dem dritten Gang vorüber. Nichtsdestotrotz gilt dieses Gastmahl als eines der schönsten, die je in Rom veranstaltet worden sind, und es hat gewiss unheimlich viel Geld gekostet; aber alle waren von allergrößter Angst erfüllt. Ich wäre gerne dabei gewesen, um es zu sehen, und wenn es mich auch eine Handvoll Dukaten gekostet hätte; aber man erfuhr erst in dem Moment etwas davon, als es schon vorüber war.«

Marino Sanuto, *Ein schwarzes Gastmahl bei Lorenzo Strozzi*

Nächtliches Gegenüber

Früher zog man sich in den Abendstunden in sein Haus zurück und benachbarte Familien bekamen nur noch die Geräusche der neben ihnen Wohnenden mit. Mit der künstlichen Beleuchtung, die moderne Wohnungen erhellt, hat sich da etwas verschoben. Abends sind die Menschen im gegenüberliegenden Haus unseren Blicken ausgeliefert, wenn sie ihr Privatleben nicht hinter schweren Vorhängen oder Rollläden verbergen. Sie leben in sichtbarer Entfernung gewissermaßen mit uns.

Es gibt Menschen, die – sei es aus Langeweile oder aus purem Voyeurismus – ihre Nachbarn beobachten, ganz so, als seien diese die Darsteller eines Films. Ob den indiskreten Beobachtern bewusst ist, dass sie umgekehrt ebenfalls observiert werden?

Zu welchen Komplikationen es führen kann, wenn man dieses Parallelleben der Nachbarn noch weiterführt, zeigt Krzysztof Kieślowskis melancholischer, in einer polnischen Trabantenstadt angesiedelter *Ein kurzer Film über die Liebe,* in dem sich ein junger Mann in eine im Haus gegenüber lebende Frau verliebt und deren Leben Abend für Abend mit seinem Fernrohr beobachtet. Er arbeitet am Postschalter und bestellt sie mit fingierten Benachrichtigungen ein.

Fernando Pessoa hat diese Verbundenheit mit dem Gegenüber in *Das Buch der Unruhe des Hilfsarbeiters Bernardo Soares* so beschrieben:

»Hoch blüht in der nächtlichen Einsamkeit eine unbekannte Lampe hinter einem Fenster. Die ganze übrige Stadt liegt im Dunkeln, soweit mein Auge reicht, nur schwache Lichtreflexe steigen verschwommen von den Straßen auf und lassen hier und dort ein umgekehrtes, geisterblasses Mondlicht schweben. Im Dunkel der Nacht heben sich die Häusermassen, ihre verschiedenen Farben oder Farbnuancen nur wenig voneinander ab; nur undeutliche, fast könnte man sagen abstrakte Unterschiede lassen das beeinträchtigte Gesamtbild unregelmäßig erscheinen.

Ein unsichtbares Band verknüpft mich mit dem namenlosen Besitzer der Lampe. Es ist nicht der gemeinsame Umstand, dass wir beide wach sind: darin liegt keine mögliche Gegenseitigkeit, denn, da ich im Dunkel am Fenster lehne, könnte er mich niemals wahrnehmen. Es ist etwas anderes, was nur mich betrifft und ein wenig mit der Empfindung der Isolierung zu tun hat, die von der Nacht und der Stille ausgeht; sie wählt sich jene Lampe als Stützpunkt aus, weil sie der einzige vorhandene Stützpunkt ist. Weil sie brennt, scheint es, ist die Nacht so dunkel. Weil ich wach bin und in der Finsternis träume, scheint es, verbreitet sie Helligkeit.«

Tierische Nachbarn mögen uns viel näher sein, als uns lieb ist. Wenn sie uns in unseren Wohnungen oder Häusern Gesellschaft leisten, passen sie sich dem Rhythmus von Tag und Nacht an, den wir ihnen vorgeben. Bevor das Licht nicht gelöscht ist, lassen sie sich kaum einmal blicken. Hier und da gibt es vielleicht einmal Kratzgeräusche, die gerade noch die Wahrnehmungsschwelle überschreiten. Ein nur leises Huschen. Wahrscheinlicher, dass wir sie einmal zu Gesicht bekommen, ist es, wenn wir plötzlich in der Nacht das Licht einschalten. Doch selbst dann dürften Mäuse mit ihrem ausgeprägten Hörsinn schon unsere nahenden Schritte vernommen und sich längst zurück in ihre Ritzen verzogen haben. Mäuse kennen sich

auf jeden Fall sehr gut aus: Sie haben unsere Räumlichkeiten ein-
schließlich Möbeln kognitiv kartiert. So beunruhigend der Gedanke
an Mäuse in der eigenen Wohnung sein mag, mit ihnen gibt es kein
Schabenproblem, weil die Nagetiere flink genug sind, sie zu erwi-
schen.

Geschöpfe,
für die der Mond die Sonne ist

Das menschliche Wahrnehmungsvermögen ist in der Nacht erheblich eingeschränkt. Vielfach ist es nur der Schrei eines Fuchses oder ein auf Mäuse oder Ratten hindeutendes Rascheln im Unterholz, das ihm eine Ahnung von einer ganz anderen, parallelen Wirklichkeit vermittelt. Dem gegenüber stehen ausgeprägte Fähigkeiten bei einer großen Zahl von Tieren, die sich nachts sehr gut orientieren können. Rund ein Drittel aller Wirbeltiere ist nachtaktiv, unter den Wirbellosen sind es sogar etwa doppelt so viele.

Genauere Erkenntnisse über die Sinnesorgane von Fledermäusen sind dem italienischen Geistlichen Lazzaro Spallanzani aus dem 18. Jahrhundert zu verdanken. Dieser kam auf die Idee, die Tiere unter verschiedenen Bedingungen in seinem abgedunkelten Arbeitszimmer herumfliegen zu lassen. Er verklebte ihre Augen mit Vogelleim – doch das beeinträchtigte sie nicht, sogar um gespannte Drähte navigierten sie virtuos herum. Anders war es, als er den Fledermäusen die Ohren mit Wachsstöpseln verschloss. Nun kamen sie mit den Drähten ins Gehege. Aus diesem Experiment folgerte Spallanzani, dass Fledermäuse sich zur Orientierung auf ihre Ohren verlassen. Damit freilich sollte er selbst unter Wissenschaftlern seiner Zeit kein Gehör finden – er erntete dafür sogar Spott. Fast eineinhalb Jahrhunderte mussten vergehen, bis 1938 zwei amerikanische Biologen durch eigene Experimente herausfanden, dass sich Fledermäuse tatsächlich mithilfe ihres Gehörs orientieren.

Die Erkundung des nächtlichen Lebens der Tiere setzt einerseits naturkundliche Neugier voraus, für nachts in ihrer Wahrnehmung beschränkte Wesen wie den Menschen aber auch Hilfsmittel. Der Erkenntnisfortschritt wuchs mit den technischen Möglichkeiten. Irgendwann konnte man mithilfe von Tonaufnahmen die Geräusche der Nacht gewissermaßen konservieren. Später wurde es möglich, auch sehr hohe Ultraschallfrequenzen zu erfassen, die das menschliche Ohr normalerweise nicht wahrnehmen kann. Man verstand, wie sich Fledermäuse in der Dunkelheit zurechtfinden. Eine Kleinstfledermaus kann in einer Nacht bis zu einer halben Million Ortungsrufe ausstoßen.

Seit den 1940er-Jahren erlaubte der Einsatz von Radartechnik zur Tierbeobachtung viel genauere Aufschlüsse über den Vogelzug, als das bis dahin möglich war. Eine wichtige Erkenntnis war dabei, dass viele Vögel während der Nacht ziehen. Als man dann später Sender entwickelte, die man an Tieren befestigen konnte, ließen sich die Muster ihrer nächtlichen Aktivität noch detaillierter nachvollziehen. Auch Herzschlag und Körpertemperatur wurden dabei erfasst.

Eine Revolution vollzog sich mit der Entwicklung von Infrarotkameras. Lebende Körper, die Wärme abgeben, heben sich vom dunklen Hintergrund ab, bleiben dabei aber in ihren Umrissen relativ diffus. Werden sie dagegen von kurzwelligem Infrarotlicht angestrahlt, treten sie deutlicher hervor, zudem wird das Licht von den Augen der Lebewesen reflektiert – meistens nehmen diese selbst aber gar nicht wahr, dass sie beobachtet werden. Sogenannte Restlichtverstärker wiederum folgen einem anderen Prinzip; sie verstärken das vorhandene Licht, so dass man selbst in der Dunkelheit sehen kann.

Einige Tiere verlagern angesichts der ungebremsten menschlichen Aktivität während des Tages ihre Aktivitäten zunehmend in die Nacht und vollbringen damit eine erstaunliche Anpassungsleistung an die veränderten Verhältnisse. Als Beispiel nennt Kaitlyn Gaynor, Wildtierökologin an der Universität von Kalifornien in

Berkeley, die in Sumatras Regenwald beheimateten Malaienbären. Diese sind unter natürlichen Bedingungen ausschließlich tagaktiv, fühlten sich aber von den dauerpräsenten Biologen verfolgt und stellten ihren Rhythmus so um, dass sie zu einem überwiegenden Teil nachtaktiv wurden.

Der kleine braune Vogel, der seinen Namen der Nacht verdankt, sang schon immer nach Einbruch der Dunkelheit: die Nachtigall. Bei den echten Nachtigallen sind es genau genommen nur die Männchen, die nachts ohne Unterbrechung singen. Sie wollen einem Weibchen imponieren, laufen dabei aber nicht unerhebliche Gefahr, von einer Eule erbeutet zu werden.

Der amerikanische Klangkünstler und Autor David Rothenberg hat sich eingehend mit der Nachtigall beschäftigt und sogar gelernt, mit ihr zusammen zu musizieren. Dafür begibt er sich nachts in Parks oder Wälder. Er hat gelernt, dass einsame Nachtigallen unablässig singen und ihr ›Gesang‹ kompliziert gestaltet ist, »bis zu dem Moment, wo die Weibchen auftauchen. Dann sind sie auf einmal ganz entgeistert, stumm, sie vergessen zu singen!«

Rothenberg interessiert sich auch für die nächtlichen Laute anderer Tiere, zum Beispiel die der Fischmarder. Sie sind vorwiegend in der Dämmerung und während der Nacht aktiv. Ihre gellenden Schreie, die entfernt an die eines Kindes erinnern, übertreffen so ziemlich alles, was sonst an von Tieren verursachten Geräuschen aus den nordamerikanischen Wäldern klingt. Nur Katzen können, wenn sie miteinander kämpfen, ähnlich verstörende Laute von sich geben.

Weil es auf Friedhöfen nur wenig menschliche Aktivitäten gibt, sind diese ein beliebtes Rückzugsgebiet für Tiere. Vor allem nachts ist hier viel los – Fledermäuse jagen Mücken und bestäuben Pflanzen, Füchse streunen umher, Igel richten sich unter aufgehäuftem Laub ein und das Gras auf dem Rasen lädt eine Vielzahl von Lebewesen zum Verbleib ein. Auch kauzende Schleiereulen sind dort nicht selten anzutreffen.

In der Tiefsee macht es keinen Unterschied, ob es draußen gerade hell oder dunkel ist, denn dort herrscht ständige Nacht. Gerade einmal ein Prozent des Tageslichtes gelangt bis in eine Tiefe von einhundert Metern. Die Abwesenheit von Licht macht zwar pflanzliches Leben unmöglich, verhindert aber nicht die Existenz einer erstaunlichen Vielfalt von Meereslebewesen. Oft haben die mehrere Kilometer unter der Wasseroberfläche lebenden Tiere besonders große Augen. Dort tummeln sich unter anderem spektakulär fluoreszierende Quallen, Glasschwämme, Vampirtinten- und Fangzahnfische sowie meterlange Röhrenwürmer. Direkt auf dem Boden sind manchenorts Rotlippen-Seefledermäuse, deren Flossen zu Füßen geworden sind, und die überaus filigranen Seefedern zu finden, die zu den Blumentieren gehören. Der besonders in Portugal als Speisefisch geschätzte Schwarze Degenfisch ist in tieferen Regionen des Nordatlantiks zu Hause. »Schwarz wie die Nacht« wird er allerdings erst, nachdem das Leben aus ihm gewichen ist. Lebendig zeigt er sich mit silbern violetter Färbung.

»Die Galagos sind Nachtthiere im eigentlichen Sinne des Wortes, Wesen, für welche der Mond die Sonne ist, Geschöpfe, an denen die eine Hälfte des Tages spurlos vorübergeht, welche, schläferiger als die Schlafmäuse, während jeder Stunde in sich zusammengerollt in irgend einem geeigneten Schlupfwinkel liegen und, falls ihnen verwehrt, einen solchen aufzusuchen, durch das ängstliche Verbergen ihres Kopfes vor dem verhaßten Sonnenlichte sich zu schützen, ja durch Zusammenrollen ihrer Ohren sogar vor jedem Geräusche zu sichern sich bestreben. Werden sie durch irgendeine Ursache gewaltsam aus ihrem tiefen Schlafe erweckt, so starren sie anfangs wie träumend ins Weite, kommen allmählich aus ihrer Schlaftrunkenheit zu sich und bekunden sodann durch abwehrendes Wesen, wie unangenehm ihnen die Störung war.«

Brehms Thierleben

Rascheln, Stöhnen, Lachen

Unter den fliegenden Nachtwesen konkurrieren die Fledermäuse einerseits mit den Nachtfaltern, die es verstehen, sich über ihren extrem gut entwickelten Geruchssinn in der Dunkelheit zurechtzufinden, andererseits mit den Eulen, denen das dank ihres hervorragenden Gehörs und ihres guten Nachtsichtvermögens gelingt. Letztere profitieren zudem von der hohen Beweglichkeit ihres Kopfes, den weit auseinanderstehenden Augen und den hoch angesetzten Ohren, die ihnen ein räumliches Hören ermöglichen. Ihr lautloser Flug durch die Nacht – ermöglicht durch das daunenreiche Gefieder – und die Menschenähnlichkeit ihres Gesichts mit dem liebenswerten Eulenblick begründen die große Faszination. Zudem geben sie Laute in einem erstaunlich breiten Spektrum von sich, die mit etwas Fantasie an menschliche Äußerungen erinnern: Kreischen, Klagen, Stöhnen, Lachen, sogar Pfeifen und Schnarchen kann man hineinhören. Manche Menschen empfinden diese Töne allerdings auch als unheimlich.

Eulen sind den meisten anderen Vögeln feindlich gesinnt, überraschen sie auf ihren Schlafzweigen und plündern ihre Nester. Deshalb sind sie unbeliebt. Man spricht vom »Hassen« anderer Vögel auf die Eulen. Die Tatsache, dass diese Vögel Eulen tagsüber angreifen, haben Vogelfänger auf die Idee gebracht, angekettete Eulen als Köder zu gebrauchen, um andere Vögel anzulocken und zu töten.

Vielen sind Eulen unheimlich, manchen gelten sie gar als Symbol des Bösen. Im alten Rom meinte man im Schrei einer Eule den

Vorboten des Todes zu hören. »Wer Böses oder Übles wirkt, der hasst das Licht«, heißt es bei dem Regensburger Domherrn Konrad von Megenburg im 14. Jahrhundert, der sich dabei auch konkret auf die »Eylen« bezog. Sie galten als unrein und waren mit einem Speiseverbot belegt. In manchen Ländern werden sie auch mit dem »bösen Blick« in Verbindung gebracht. Im Dänischen bezeichnet man diesen als »Eulensehen« – »ugle se«. Altem italienischen Aberglauben folgend, soll der Blick von Eulen sogar töten können.

Dennoch stehen die Nachtvögel auch für Weisheit. Das lässt sich bis ins alte Griechenland zurückverfolgen. Der Steinkauz *(Athene noctua)* wurde mit Athena, der Göttin der Weisheit, in Verbindung gebracht. Auch Henry David Thoreau etwa preist Eulen in *Walden* leidenschaftlich: *»Es ist gut, dass es Eulen gibt. Mögen sie dem Menschen das schwachsinnige und tobsüchtige Geheul abnehmen. Es ist ein Laut, der sich vorzüglich für Sumpfgelände und dämmrige Wälder eignet, ein Hinweis auf ein großes, unentwickeltes Stück Natur, das der Mensch nicht wahrhaben will. Sie verkörpern das, was wir alle an lichtscheuen Gedanken in uns tragen.«*

Aus neuerer Zeit kennt man die »kluge« Eule, die in satirischen Zeichnungen oft mit einer Brille dargestellt wird. Dennoch galten Eulen noch bis ins späte 19. Jahrhundert vielerorts als »große Schadvögel« und wurden rücksichtslos gejagt.

Dabei geht es den Eulen noch besser als den Fledermäusen; erst recht, seitdem Letzteren die Übertragung zahlreicher Krankheitserreger zugeschrieben wird. Das verbreitete Misstrauen gegenüber Fledermäusen könnte damit zu tun haben, dass sich deren Welt unserer Wahrnehmung weitgehend entzieht – und was man nicht kennt, ist eher suspekt. Nur Kinder, deren Gehör noch besonders gut ist, können die lauten, hochfrequenten Ultraschallrufe der Fledermäuse hören. Es sei denn, man erlaubt sich den Luxus eines Fledermausdetektors, eines kleinen elektronischen Geräts, das die Rufe der Fledermäuse in hörbare Laute umwandeln kann. Fledermausfreunde begeben sich damit mindestens einmal im Jahr, meistens im Hochsommer, zusammen auf die Suche nach eben diesen geflügelten Wesen – sie nennen das ihre »Fledermausnacht«!

Tagsüber verbergen sich Fledermäuse und nachts, wo Menschen ohnehin schlecht sehen, sind sie unterwegs – wegen ihrer schnellen und erratisch wirkenden Flugbewegungen sind sie vielen unheimlich. *»Wie vor sich selbst / erschreckt durchzuckts die Luft, wie wenn ein Sprung / durch eine Tasse geht. So reißt die Spur / der Fledermaus durchs Porzellan des Abends«,* heißt es bei Rainer Maria Rilke in den *Duineser Elegien.* Hinzu kommen die dissonanten, quiekenden Töne, die die Tiere – soweit überhaupt hörbar – von sich geben. Und auch bei der äußeren Erscheinung haben es die Uhus, Eulen, Käuze mit ihren vertrauensvollen Augen und den schönen Wimpern leichter, die menschliche Gunst zu gewinnen, als Fledermäuse mit ihrem aggressiv wirkenden Gesichtsausdruck und den an bizarre Blumen erinnernden Ohren. Was umgekehrt nicht heißen soll, dass manche diese »Phantome der Nacht« nicht gerade deswegen so lieben.

Nachttierhäuser in den Zoos, etwa das in Frankfurt, bieten die Möglichkeit, unabhängig von der Tageszeit nachtaktiven Tieren bei ihrem Treiben zuzuschauen, also Fledermäusen, den in Madagaskar beheimateten Mausmakis, deren Gesichter von ihren großen Augen dominiert werden, den mit den Stachelschweinen verwandten Greifstachlern Südamerikas, Erdferkeln des subsaharischen Afrika und all den vielen anderen Geschöpfen der Nacht.

Die Gedanken der Tiere
in der Nacht

Vor fast sechzig Jahren schlug ein Artikel in der amerikanischen Zeitschrift *Scientific American* große Wellen: Der niederländische Verhaltensforscher Adriaan Kortlandt hatte bei seinen Forschungen über Schimpansen beobachtet, wie eines der Tiere »ganze 15 Minuten lang« einen besonders schönen Sonnenuntergang beobachtete, bevor er sich in den Wald zurückzog – ohne sich eine Papaya als Abendspeise mitgenommen zu haben. Was mag dem Schimpansen beim Betrachten der wechselnden Farben durch den Kopf gegangen sein? Die Menschheit rätselte ...

Auch was Tiere im Schlaf umtreibt, ist schwierig zu erforschen. Katzenliebhaber wissen nicht nur von dem im Vergleich zum Menschen enormen Schlafbedürfnis ihrer Schützlinge – sie verbringen zwei Drittel ihrer Zeit auf diese Weise –, sondern können auch beobachten, wie ihr Haustier im Schlaf Verhaltensweisen zeigt, die sonst für Wachphasen typisch sind: etwa wenn es faucht oder sich so bewegt, als befinde es sich auf der Jagd. Es verarbeitet offenbar Geschehnisse, die sich irgendwann vorher ereignet haben. Wissenschaftler haben herausgefunden, dass Katzen viel Zeit in der an Träumen reichen REM-Phase verbringen, dem Schlafabschnitt, unter dessen Bedingungen sich die Augen bei geschlossenen Lidern schnell hin und her bewegen.

Das mag alles nicht *so* überraschend sein, schließlich sind Katzen Säugetiere und damit uns Menschen relativ ähnlich. Das

Erkenntnisinteresse der Forscher richtet sich aber auch auf andere Lebewesen wie etwa Oktopusse, deren Schlaf sich, wie brasilianische Wissenschaftler herausgefunden haben, in eine ruhige und eine aktive Phase teilt. Das Erstaunliche ist nun, dass die Tiere bei der letzteren, die dem REM-Schlaf ähnelt, plötzlich ihre Hautfarbe ändern, die Augen bewegen oder ihre Saugnäpfe zusammenziehen. Das konnte durch Filmaufnahmen in einem Aquarium belegt werden. Sylvia Medeiros von der Universidade Federal do Rio Grande do Norte hält es für möglich, dass Oktopusse so etwas wie Träume haben, die dann – so ihre Vermutung – aber eher »kurzen Videoclips oder Gifs« ähnlich seien.

Vom Nachtschatten und anderen Nachtgewächsen

Auch Pflanzen folgen dem Rhythmus von Tag und Nacht und viele von ihnen legen sich gewissermaßen zur Ruhe. Bei manchen ist dies sogar sichtbar: Die an Fächer erinnernden Blätter der Lupine etwa hängen in der Dunkelheit »traurig« herab, das gilt auch für die kleinen Blätter des Sauerklees. Blüten schließen sich, damit ihr Pollen vor Morgentau geschützt wird. Schon Plinius der Ältere wusste vom »Schlaf der Pflanzen« zu berichten. Carl von Linné beobachtete im 18. Jahrhundert, dass sich Blumen auch dann öffnen und schließen, wenn sie in einem dunklen Keller stehen. Er widmete dem Thema ein ganzes Buch mit dem Titel *Somnus Plantarum*. Charles Darwin stellte im Rahmen seiner Langzeitstudien bei nicht weniger als 86 Pflanzenarten Schlafbewegungen fest – sie ließen über Nacht ihre Blätter hängen oder rollten sie ein –, vermutlich, um etwas Wärme zu bewahren. Bei einem seiner Experimente fixierte Darwin Korkteile so an Blättern, dass sich diese nicht bewegen konnten, und stellte dann am nächsten Morgen fest, dass sie verschrumpelt waren oder sich dunkel verfärbt hatten. Wie man heute durch mit Infrarotlicht arbeitende Laserscanner erfahren hat, klappen manche Bäume ihre Blätter zusammen, und auch die Zweige senken sich. Ihre tiefste Position erreichen sie wenige Stunden vor Sonnenaufgang.

Aber es gibt auch eine ganze Reihe von »nachtaktiven« Pflanzen. Die Blüten der Nachtkerze *(Oenothera)* öffnen sich meistens in der

Abenddämmerung und schließen sich dann wieder während des Tages. Die Blüten der Königin der Nacht *(Selenicereus grandiflorus)*, die zur Familie der Kakteengewächse zählt, öffnen sich nur wenige Stunden – und zwar in der Dunkelheit. Auch die in Papua-Neuguinea wachsende und erst vor einem Jahrzehnt entdeckte Orchidee namens *Bulbophyllum nocturnum* blüht ausschließlich während der Nacht, etwa ab zehn Uhr bis in die Morgenstunden. Sie ist mit dieser Eigenschaft die einzige nachtblühende unter den 25 000 Orchideenarten.

Der Naturphilosoph Wilhelm Bölsche schrieb einmal über die auch als »Mondblume« bezeichnete Yuccapalme, die in Mexiko und im Südwesten Amerikas wächst:

> *»Dort im Mond- oder Sternenschein glänzen auch ihre silbernen Blütenkugeln so grell weithin, dass der nächtliche Reiter wohl glauben mag, es strahle ein eigenes milchweißes Licht aus ihnen wie von entzündeten Kronleuchtern der Natur. Und wirklich ist auch die Yukka selber eine Art ›Königin der Nacht‹ gleich dem so bezeichneten Kaktusgewächs – auch sie liebt es, ihre Glocken gleichsam nur für eine einzige Zaubernacht klingen zu lassen, indem sie erst am Abend sie auftut und noch vor Tag wieder zusammenfaltet, als seien sie für die grobe Sonne zu gut.«*

Der Name der Nachtschattengewächse, darunter Kartoffel, Tomate, Paprika und Auberginen, hat nichts mit der Tageszeit zu tun. Das althochdeutsche Wort *nahtscato* bzw. mittelhochdeutsch *nahtschate* bedeutet einerseits ›Schatten‹, andererseits aber auch ›Schaden‹. Und diese zweite Bedeutung ist eigentlich gemeint, denn eine Reihe von Nachtschattengewächsen kann eine schädliche Wirkung haben. Beispiele sind der Schwarze Nachtschatten und die Tollkirsche, auch Waldnachtschatten genannt. Diese Gewächse enthalten überaus giftige Alkaloide, Substanzen, die zu einer Art ›Umnachtung‹ führen können.

Ein Mondgarten ist ein Garten, der mit dem Ziel angelegt wird, vor allem bei Nacht eine starke Wirkung auf den Besucher zu entfalten. Schleierkraut, Knoblauchblüten, die hellen Blätter der Artischocken, die weißen Blüten der wilden Rauke, die leuchtend blauen Blüten der Vergissmeinnicht sind bekannt dafür, auch unter schwachen Lichtverhältnissen besonders gut sichtbar zu sein. Guy de Maupassant traf im Freiland auf eine Art Naturgarten. Über die Wälder kakteenartiger Gewächse, auf die er im Nordosten Tunesiens, auf dem Weg von Tunis nach Kairouan, stieß, schrieb er: *»Die krummen Stämme sehen aus wie Drachenleiber, wie Gliedmaßen von Ungeheuern mit stachligen, zum Angriff aufgerichteten Schuppen. Wenn man abends bei Mondschein auf solch einen Wald trifft, glaubt man sich in ein alptraumhaftes Land versetzt.«*

In den ersten Jahrzehnten des 18. Jahrhunderts wurde die Idee eines nächtlichen Gartens mit großer Leidenschaft unterhalb der Paläste von Amber in Rajasthan entwickelt. Der in Etagen angelegte, einer strengen Geometrie folgende Garten hieß ›Maunbari‹ und befand sich auf einer künstlichen Insel in einem Stausee. Er war den Damen des Palastes vorbehalten, die sich während der heißen Jahreszeit dort aufhalten konnten. Während der nächtlichen Gartenfeste erfreute man sich der stark duftenden Blumen und der Stille und Kühle, die dort herrschte. Als Bepflanzung wurden gezielt sehr helle, weiße und in der Nacht blühende Gewächse ausgewählt, die einen intensiven Duft verbreiten – auf solche mit bunten Blüten wurde bewusst verzichtet. Durch geschickt über kleine Kanäle geleitetes Wasser, das Kaskaden und Wasserfälle bildete, wurden in Verbindung mit Lichtquellen zusätzliche Effekte erzeugt. *»Vor der Ankunft der Palastdamen stellten die Gartendiener in jede Nische eine Öllampe, und wenn der Lauf des Wassers in Gang gesetzt wurde, konnte man das Licht hinter den Wasserschleiern aufscheinen sehen. Die Bewegung des Wassers und die aufspritzenden Tropfen erzeugten dann die tausendfachen Lichtbrechungen* *und den mannigfachen Widerschein der züngelnden Flammen, so als sei hier ein künstlicher Nachthimmel mit all seinen funkelnden Sternen aufgegangen«,* beschreibt der Architekturhistoriker Jan Pieper diesen magischen Ort.

Finsternis, Licht, Tag und Nacht

In alten Kulturen wurde die Zeit nach Nächten berechnet. In Sanskrit benutzt man anstelle von »täglich« die Formulierung »Nacht für Nacht« – *nicanicam*. Im alten Mesopotamien gab es nächtliche Gebete und man betrachtete im Rahmen von Kulten Sterne und Planeten – etwa zum Neujahrstag am gestuften Tempelturm (Zikkurat) von Ur. Im Alten Ägypten erfolgten manche Zeremonien und Mysterien abends und nachts. Der christliche Schriftsteller Tertullian erwähnt, dass noch für die Mönche in der Spätantike und im frühen Mittelalter die Nacht eine wichtige Rolle für Zusammenkünfte spielte. Die Nokturnen oder Vigilien, bei denen refrainartige Gesänge und das Rezitieren von Psalmen üblich waren, wurden in fast völlig unbeleuchteten Kirchen abgehalten. Es handelte sich um Rituale in Erwartung der kommenden Morgendämmerung, die Dunkelheit der Nacht wurde dabei symbolisch der Dunkelheit vor der Schöpfung gleichgesetzt und war die Zeit, in der die Gegenwart Gottes erfahren werden konnte.

Das Verhältnis des Christentums zur Nacht ist zwiespältig. Wie der russische Mediävist Aaron J. Gurjewitsch schreibt, war das Christentum durchaus »bestrebt, die Vorstellung von der Nacht als einer Zeit der Herrschaft des Teufels zu überwinden. Christus wurde deshalb nachts geboren, um denjenigen das Licht der Wahrheit zu bringen, die in der Nacht der Verirrung ziellos umherwanderten. Das Tageslicht sollte die Schrecken zerstreuen, die durch das nächtliche Dunkel geboren worden waren.« Dennoch setzte sich diese Vorstellung in der Breite nicht durch: Die Nacht stand für das Böse und die Sünde, wurde als etwas Feindliches betrachtet und mit dem schlaflosen Teufel in Verbindung gebracht. Paulus schrieb in seinem um das Jahr 50 verfassten Brief an die Thessalonicher: »Ihr seid allzumal Kinder des Lichtes und Kinder des Tages; wir sind nicht von der Nacht noch von der Finsternis«. Der Bischof Thietmar von Merseburg schrieb um die erste Jahrtausendwende: »Wie den Lebenden der Tag, so gehört die Nacht den Toten.«

Ähnlich wertete die im zwölften Jahrhundert lebende Benediktinerin und Mystikerin Hildegard von Bingen die Nacht. Sie umschrieb die Erleuchtung, die sie erfahren hatte, als »Abglanz des lebendigen Lichts, das alles Dunkel durchleuchtet«. Alles mit der Nacht Konnotierte hielt sie für negativ, es sei denn, es war von Licht erfüllt: »Alles nämlich, was in der Ordnung Gottes steht, antwortet einander. Die Sterne funkeln vom Licht des Mondes, und der Mond leuchtet vom Feuer der Sonne.« Die Verbindung von Nacht und Teufel war auch bei ihr ganz konkret: »Der Dieb, der bei Nacht im Hinterhalt liegt, gleicht dem Teufel.« Von ihrem Zeitgenossen, dem Zisterzienser Bernhard von Clairvaux, wurde Hildegard einmal als »hellstrahlendes Licht« bezeichnet.

Der Satz des Theologen Thomas Müntzer, »Wer die Nacht nicht erlitten hat, kennt nicht die Kunst Gottes«, steht symptomatisch für die nachtfeindliche Metaphorik der Zeit.

Bei Wissenschaftlern setzte sich allerdings eine vergleichsweise nüchterne Sicht auf das Phänomen ›Nacht‹ durch. Der Astronom Georg Joachim Rheticus, ein Student von Kopernikus, war es, der die Nacht zuerst als Wirkung der Erdumdrehung erkannte. Die Erde drehe sich von Westen nach Osten und wende der Sonne immer eine Hälfte zu, schrieb er 1540 in seiner *Narratio prima*. Diese Erkenntnis, wonach die Nacht durch den Schatten der Erde entsteht, war ein Meilenstein für den Übergang von der mittelalterlichen zur modernen Astronomie.

Die Zeit der kirchlichen Erneuerungsbewegungen im sechzehnten und siebzehnten Jahrhundert war eine Phase erbitterter Glau-

benskämpfe, während der verschiedene Konfessionen einander verfolgten, so dass etliche Gemeinschaften ihre Zusammenkünfte in
die Nächte verlegten, um Nachstellungen zu entgehen. Für Täufer,
Mennoniten und Puritaner etwa war das Ausweichen in die Nacht
die einzige Möglichkeit, weiter fortzubestehen. Dem Historiker
Craig Koslofsky zufolge hielten aber auch »Katholiken, Lutheraner,
Anglikaner und reformierte Christen ihren Gottesdienst im Jahrhundert nach der Reformation geheim und nachts ab. Wichtiger
ist, dass sich Anhänger jeder Konfession von nächtlichen Treffen
berichteten und darüber schrieben, so dass sie Teil ihrer Narrative
von Verfolgung, Standfestigkeit, Glauben und Märtyrertum wurden.«

Der im 16. Jahrhundert lebende Johannes vom Kreuz, der immer
wieder in Konflikt mit den Kirchenoberen gekommen war, war
noch unter dem Namen Juan de Yepes y Álvarez einige Zeit in einem
dunklen Kerker mit einem winzigen Oberfenster in Toledo gefangen gehalten worden, was ihn tiefgreifend geprägt hat. Die Nacht
war für ihn der Pfad zur Vereinigung mit Gott, und seine Theologie
leitete sich aus dieser mystischen Nachterfahrung her. Johannes
unterteilte die Nacht in verschiedene Abschnitte, unter anderem in
ihren Anbruch, die ganz dunkle Mitternacht sowie in die Dämmerung vor der Morgenröte. Der erste Teil der Nacht war den Sinnen
gewidmet; die dunkle Mitternacht dem Glauben und der Kontem-
plation; im dritten Teil der Nacht teilte sich, so seine Vorstellung,
Gott selbst der Seele mit – die Vorbereitung für die Vereinigung.
Ihm selbst gelang irgendwann die Flucht aus dem Gefängnis: *»In
einer dunklen Nacht / voller Sehnsucht in Liebe entflammt / oh glück-
liches Geschehen! entkam ich unerkannt / als mein Haus schon stille
lag.«*

Die eigentlich ganz der Rationalität verschriebenen Philosophen
der Aufklärung behielten interessanterweise die Metaphorik der
Kirche bei – dem »Licht der Erkenntnis« stand auch bei ihnen die

»Dunkelheit des Nichtwissens« gegenüber. Erst in der Romantik kam es zu einer generellen Aufwertung der Nacht.

Jenseits von Europa gab es die verschiedensten Ideen über die Nacht. Der indianisch-amerikanische Autor Joseph Bruchac etwa betont die Bedeutung der Nacht für das spirituelle Weltverständnis bei den Ureinwohnern Amerikas. Heilungszeremonien wurden und werden oft nachts abgehalten. Man liefert sich der Dunkelheit bewusst aus, um ihr danach wieder zu entsteigen und den wiederkehrenden Zyklus von Tag und Nacht in einem tieferen Sinne zu erleben. Die Nacht ist auch die Zeit, in der sich die Erde vom Tag regenerieren kann. Und der Blick in den Nachthimmel hilft den Menschen, sich als Teil eines größeren Ganzen zu verstehen, den Brückenschlag in Vergangenheit und Zukunft zu vollziehen – die Milchstraße stehe dabei für den Weg zum Leben nach dem Tode.

In Jean Delumeaus Buch *Angst im Abendland* lesen wir, dass bei den Ureinwohnern Mittelamerikas die Angst weit verbreitet gewesen sei, dass die Sonne ganz vom Horizont verschwinden könne und sie in ewiger Nacht verharren müssten. Die Menschenopfer bei den Azteken sollen mit dieser Angst in Verbindung stehen: Damit die Sonne sich weiterdrehe, müsse ihr zur »Ernährung« Blut zugeführt werden.

Nach den Gesetzen der Physik ist es natürlich unmöglich, dass die Nacht auf einer Seite der Erde nicht mehr wiederkehrt, dafür müsste die Erdrotation zum Erliegen kommen. Das freilich konnten die Azteken nicht wissen – und die Vorstellung einer Existenz in ewiger Nacht hat große suggestive Kraft und ist auch für einen modern denkenden Menschen extrem verstörend.

Nacht im alten Rom

Über das Leben während der Nacht im antiken Rom ist einiges bekannt. Außerhalb der Häuser gab es keine Lichtquelle, es war stockfinster. So schrieb der Historiker Jérôme Carcopino: *»Roms Straßen versanken, wenn der Mond nicht schien, in tiefster Dunkelheit. Keine Öllampen, keine Wandleuchter mit Kerzen, keine Laternen an den Türpfosten erhellten die Nacht. Rom erstrahlte lediglich bei den außergewöhnlichen Illuminationen, wenn diese zum Zeichen eines allgemeinen Freudenfestes stattfanden.«*

Soweit man es aus den Quellen erschließen kann, war das nächtliche Leben Roms ähnlich geschäftig wie das in heutigen Städten. Diese Geschäftigkeit war aber kein Kontinuum. Die europäischen Städte des Mittelalters fielen in eine Art Dämmerschlaf, nachdem das Tageslicht erlosch.

Rom dagegen war voller Leben. Das hatte zunächst damit zu tun, dass nachts die Zeit für die Fuhrwerke schlug; tagsüber waren diese seit Caesars Zeiten mit einem Fahrverbot belegt.

Die Wohlhabenderen luden Gäste in die eigenen Häuser, die Ärmeren gingen in Wirtshäuser und besuchten Orte, die man nach heutigem Verständnis als ›Bars‹ bezeichnen kann. Der Satiriker Juvenal wird gerne zitiert, wenn auf die Herausforderungen römischer Nächte angespielt wird: »Machst du kein Testament, bevor du zum nächtlichen Mahl gehst, giltst du als träg und blind einem jähen Geschick gegenüber«. Die Nächte waren lang und auch Prostitution war gang und gäbe, etwa in den Bordellen im Umkreis des *circus maximus* und in dem für sein reges Nachtleben bekannten

Stadtviertel *subura.* Genau wie heute hielt man zwar die Prostitu-
ierten für unehrenhaft, dem gesellschaftlichen Ruf der Freier dagegen konnte ein Bordellbesuch nichts anhaben. Hinweise auf männ-
liche Prostituierte, sogenannte *pueri meritorii,* gibt es, sie sind in
der Literatur aber spärlicher gesät.

Als *nox vidua* bezeichnete man eine Nacht, die ›unverheiratet‹,
also ganz ohne die Möglichkeit des Liebesspiels, verbracht werden
musste. Der stets provokante Ovid etwa hielt seiner Leserschaft vor,
durchschlafene Nächte seien Zeitvergeudung: »Unglücklich ist, wer
es vermag, die ganze Nacht zu ruhen, und den Schlaf einen großen
Segen nennt. Tor, was ist denn der Schlaf, wenn nicht ein Abbild des
kalten Todes? Lange Zeit zum Ruhen wird das Geschick dir geben«.

Ein Konsul namens Lateranus, der im späten zweiten und frühen
dritten Jahrhundert lebte, soll ganze Nächte mit dem Würfelspiel
verbracht und sich erst ins Bett begeben haben, als der Morgen-
stern aufging. Er folgte seiner Spielleidenschaft jedoch nicht etwa
zu Hause, sondern in den Thermenspelunken, *thermarum calices,*
und nächtlich geöffneten Kneipen, *pervigiles popinae,* wo er sich
unter lichtscheues Gesindel mischte und wo Angehörige seines
Standes eigentlich nichts zu suchen hatten. Glücksspiele waren ille-
gal und fanden meist in den Hinterzimmern solcher Örtlichkeiten
statt. Ammianus Marcellinus liefert in seiner *Römischen Geschichte*
einige Details dazu:

> *»Von den niedrig Geborenen und Ärmsten übernachten manche
> in den Weinschänken, viele unter den Sonnensegeln der Theater,
> welche Catulus in Nachahmung kampanischen Luxus' während
> seiner Ädilität aufspannen ließ. Andere streiten sich beim Wür-
> felspiel, wobei sie mit schrecklichem Laut durch die schnauben-
> den Nüstern den Atem einziehen und laut brüllen«.*

Ordnungshütern, sogenannten *vigiles,* und einem Teil der Stadtko-
horten, *cohortes urbanae,* kam die Aufgabe zu, dem Tun von Brand-
stiftern, Räubern, Hehlern und aggressiven Nachtschwärmern

Einhalt zu bieten. Letztere wurden im Rom der späten Republik und frühen Kaiserzeit mit dem Phänomen der *grassatio* in Verbindung gebracht. Die *grassationes,* junge Angehörige der Oberschicht, schlossen sich in Banden zusammen, verübten Einbrüche und überfielen Passanten, selbst für Vergewaltigungen und Totschläge sollen sie verantwortlich gewesen sein. Der ›Normalbürger‹ freilich verbrachte die Nacht schlafend.

Eine Gruppe von Menschen fiel aus den gängigen Mustern ganz heraus, die *lucifugae,* jene, die konsequent vor dem Tageslicht flüchteten. Seneca erwähnt sie in seinem 122. Brief. Ein gewisser Sextus Papinius etwa habe abends Schreibtischarbeiten erledigt und rhetorische Übungen gemacht – dann habe er nächtliche Spazierfahrten unternommen. Am Morgen soll er dann schließlich seine Hauptmahlzeit eingenommen haben. All das war freilich harmlos im Vergleich zu dem, was sich die *luxuriosi,* die genusssüchtigen, ja lasterhaften Luxusjünger während der Nacht herausnahmen, die sich nicht darum scherten, was der Stadtklatsch über sie verbreitete. Der Polyhistor Varro entsetzte sich, gut hundert Jahre vor Seneca, über sie: »Die Nächte verbringen sie mit Wollust und Trunkenheit, die Tage mit Spiel und Schlaf«.

Als die Nächte
noch Nächte waren

In der vorindustriellen Zeit, bevor das künstliche Licht seinen Siegeszug antrat, kam mit der Dämmerung in den Straßen von Ortschaften bald die Geschäftigkeit zum Erliegen, das öffentliche Leben erstarb weitgehend. Stadttore wurden geschlossen und Fensterläden verriegelt. Das eigene Hab und Gut wurde vor fremden Begehrlichkeiten abgeschottet. Abend für Abend zogen sich die Menschen ins geschützte Innere ihrer Behausungen zurück. Drinnen wurde nun geheizt, und es wurden Kerzen angezündet. Den Ausbruch von Feuern galt es zu verhindern. Glocken und Rufe verkündeten das »couvre-feu«, den »curfew« – der Begriff geht zurück auf die im Mittelalter verfügte Aufforderung, das Feuer im Kamin zu löschen, bevor man sich zur Nachtruhe begibt; später bezeichnete der Begriff Ausgangssperren. Nach dem Läuten der Abendglocken wurde in den Gasthäusern der Ausschank eingestellt.

Vor handfeste Schwierigkeiten gestellt sahen sich Reisende, die nicht mehr rechtzeitig ankamen und sich vor heruntergelassenen Stadttoren wiederfanden. Jean-Jacques Rousseau berichtete einmal von der Verzweiflung, die ihn 1728 auf dem Weg mit zwei Freunden kurz vor seiner Heimatstadt Genf überkam:

»Etwa eine halbe Meile vor der Stadt höre ich das Signal zur Heimkehr; ich verdopple mein Schrittempo; ich höre die Trommel schlagen und laufe in höchster Eile; ich gerate außer Atem

und schwitze; mein Herz jagt; von Weitem sehe ich die Soldaten auf ihren Ausguckposten; ich renne; ich schreie mit erstickter Stimme. Es war zu spät. Zwanzig Schritte vor mir sehe ich, wie die erste Brücke hochgezogen wird.«

Wo sie dann die Nacht verbrachten, ob sie noch einen Gasthof finden konnten, der ihnen eine Schlafstatt bieten konnte, ist nicht überliefert. In anderen Städten war es zuweilen noch möglich, das Stadtgebiet zu später Stunde nach Zahlung einer Gebühr zu betreten.

Berüchtigt war die schlechte Nachtluft. Man schrieb den feucht-schwülen Ausdünstungen, die sich abends über der Stadt auszubreiten begannen, schädigende Wirkung zu. Auch Atemwegserkrankungen wie Grippe und Tuberkulose wurden damit in Verbindung gebracht. Man stellte sich vor, die Dämpfe fielen regelrecht von oben aus der Atmosphäre herab, was in den englischen Begriffen »night falling« oder »drop night« deutlich zum Ausdruck kommt. Das Prinzip des »Herunterfallens« gilt nicht zuletzt auch für den Inhalt der Nachttöpfe: der wurde gerne schlicht aus dem Fenster gekippt. Diese Praxis war offenbar so verbreitet, dass besondere Regeln dafür erlassen wurden: In Weimar etwa war das ab 1774 erst nach 23 Uhr erlaubt. In Berlin machte man sich immerhin noch die Mühe, die Fäkalien einem fließenden Wasser anzuvertrauen. Georg Friedrich Rebmann schreibt dazu in der *Kosmopolitischen Wanderung durch einen Teil Deutschlands* (1793): *»Nach zehn Uhr kommen alte hässliche Weiber und gießen links und rechts mit gellendem Geplätscher die Unreinigkeiten von 167 000 Menschen in die Spree, die, zumal in den Kanälen, einer Mistpfütze gleicht.«*

Die Menschen wollten morgens frisch gebackenes Brot kaufen, also wurde schon nächtens Getreide geschrotet, Teig angerührt und der Ofen befeuert. Der Bedarf an Bier war in manchen Ländern so groß, dass das Maischen in den Brauereien nicht unterbrochen werden konnte. Und der Betrieb von Schmelzöfen für Glas und Eisen war so aufwändig, dass er nicht einfach über Nacht eingestellt werden konnte. Schmiede verrichteten ihre Arbeit bis in den späten Abend, zumindest solange keine Verordnungen gegen den dadurch verursachten Lärm erlassen wurden. Auch Ärzte und Hebammen mussten sich nachts auf den Weg machen, wenn ihre Hilfe vonnöten war, und Veterinäre hatten sich um notleidendes Vieh zu kümmern.

In den Stuben wurde schlafen gegangen – oder man setzte die Aktivitäten bei spärlichem Licht fort: Wolle wurde gesponnen, Stoffe und Textilien wurden gewebt, es wurde gestrickt und geknüpft und Körbe wurden geflochten. Viele dieser Aktivitäten konnte man in Gemeinschaft tun, man erzählte sich dabei Geschichten. Als »Spinnstuben« oder »Lichtstuben« galten jene Orte, an denen sich unverheiratete Frauen an langen Winterabenden trafen. Besonders während der harten Wintermonate, wenn vielen das Geld für Brennholz fehlte, fand man Mittel und Wege, Abende in Gemeinschaft zu verbringen.

Außerhalb der Häuser, Dörfer und Städte waren die Regeln für den Umgang miteinander in der Nacht andere als am Tag. Mit der Ernte zusammenhängende Aktivitäten setzten sich die ganze Nacht hindurch fort – besonders, wenn der Mond schien. Einige Fische wie zum Beispiel Forellen lassen sich nachts leichter fangen, wenn man sie mit Lichtern oder Fackeln anlockt. Zum Einsatz kam dafür wohl auch eine aufwändig konstruierte »Wasserlaterne ... mit einem bey Nacht unter dem Wasser eines Flusses oder Sees brennenden Lichte, um solchergestalt die Fische durch den Schein in ein bequemes Behältniß zu locken«, wie es in der *Oekonomischen Encyklopädie* von Johann Georg Krünitz heißt, die ab 1773 erschien. Bauern begaben sich abends oder nachts auf den Weg, um ihre frischen Produkte am Morgen auf den Märkten der Städte anbieten zu können.

Der Historiker Jean Delumeau erwähnt in *Angst im Abendland,* dass Menschen in den Dörfern Burgunds des 16. Jahrhunderts mithilfe von kreisförmig angeordneten Stangen provisorische Gemein-schaftshütten errichteten, die, mit Erde und Mist bedeckt, Raum für Zusammenkünfte gaben. Die dort herrschende »freundschaftliche und beruhigende Atmosphäre« ließ »die Bedrohungen der Dunkel-heit vergessen«. Auch sonst gab es genügend Anlässe für Treffen außerhalb der eigenen Hütten und Häuser: »Die Weihnachtsfeiern und die Johannisfeuer [am längsten Tag des Jahres, der Sommer-sonnenwende], die bretonischen ›Nächte‹ (nuitées), der Radau an Hochzeitsabenden, die Charivari, die Versammlungen der Pilger, die von weither gekommen waren und die, wenn sie abends ange-kommen waren, den Tag in oder in der Nähe der Kirche erwarteten, die das Ziel ihrer Reise war, alle diese gemeinsamen Unternehmun-gen dienten dazu, die Schrecken der Nacht zu vertreiben«, schreibt Delumeau weiter.

Wie der Nacht
die Dunkelheit abhandenkam

Schon immer versuchten Menschen, mehr Licht ins Dunkle zu bringen. Am Anfang vor allem mit einfachen Feuerstellen. In der Wonderwerk-Höhle der südafrikanischen Provinz Nordkap konnten Aschespuren von verbrannten Knochen und Pflanzen nachgewiesen werden, die wohl vor etwa einer Million Jahren von Angehörigen des *homo erectus* verursacht wurden. Portabel wurde das Feuer durch die Verwendung von Kienspänen, das heißt Holzstücken mit einem hohen Harzgehalt. Dieser bewirkt, dass die Späne langsam abbrennen. Noch leistungsfähiger wurde die Fackel, wenn man den Span oder Stab mit Pech, Harz oder Asphalt bestrich. Die Römer der Antike nutzten dann schon Wachsfackeln.

In Westeuropa war es noch im Mittelalter üblich, Räume mithilfe von Fackeln zu beleuchten, die aus einem mit Stroh oder Fasern umwickelten Holzstock bestanden. Dieser wurde mit Pech, Harz oder Fett getränkt. Für die Herstellung von Kerzen wurde lange Zeit vor allem Talg verwendet, geschmolzenes und gereinigtes Fett von Rindern und Schafen. Um das Rußen zu begrenzen, musste der Docht immer wieder gekürzt werden. Kerzen stellte man her, indem man einen dünnen Binsenstängel oder einen Papyrusstreifen in geschmolzenes Fett tauchte. Beim Verbrennen bildeten sich dunkle, übelriechende Rauchschwaden. Die Verwendung teurer Wachskerzen beschränkte sich bis vor wenigen Jahrhunderten auf Kirchen und Häuser von Wohlhabenden. Immer wieder ereigneten sich spektakuläre Brandkatastrophen. Am 19. April 1689, nur wenige Tage nach Eröffnung des Opernhauses des dänischen Schlosses Amalienborg in Kopenhagen, entzündete sich während einer Aufführung die Dekoration. Der Brand griff auf das Schloss über und zerstörte es vollständig. 171 Menschen kamen ums Leben, darunter auch der Komponist des Stückes. Ob die Straßenbeleuchtung, die es im antiken Antiochien (heute Antakya) gegeben haben soll, tatsächlich »mit der strahlenden Helle des Tages« wetteifern konnte, wie es der römische Historiker Ammianus Marcellinus behauptet hat, sei dahingestellt. Paris gilt als die Stadt, in der nach heutigem Verständnis zum ersten Mal die Straßen beleuchtet wurden – das war 1667. Sie trägt also nicht zufällig den Titel »ville lumière«, die Lichterstadt. Die »künstlichen Sonnen« erwiesen sich als perfektes Mittel, um die Macht des Sonnenkönigs zu unterstreichen. In Versailles setzte er dafür Tausende von Kerzen ein.

In Amsterdam war es seit 1669 üblich, Straßen regelmäßig zu beleuchten, und in Berlin seit 1679. Sukzessive wurden immer leistungsfähigere Laternen erfunden.

Generell wurde davon abgeraten, sich abseits der beleuchteten Straßen zu bewegen. Christoph Nemeitz schrieb in seinen 1718 veröffentlichten *Séjour de Paris: Anleitungen, wie Reisende sich in Paris zu verhalten haben: »Ich rate niemandem, in dunkler Nacht durch die Stadt zu gehen. Denn obwohl die Wache und die berittene Polizei durch die ganze Stadt patrouillieren, um die Ordnung aufrechtzuerhalten, gibt es viele Dinge, die ihnen entgehen ... Die Seine, die durch die Stadt fließt, trägt viele Leichen fort, die sie an ihrem Unterlauf wieder ans Ufer spült. Es ist also ratsam, sich nirgendwo lange aufzuhalten und zu früher Stunde nach Hause zu gehen.«*

Die Gläser der gegen Ende des 17. Jahrhunderts in London verwendeten Laternen waren so geschliffen, dass sie das Licht wie bei einem Scheinwerfer zu bündeln vermochten. Doch die entscheidende Verbesserung kam aus Paris – und zwar mit der Reflektorlampe, der Rèverbère. Sie hatte nicht nur mehrere Dochte und

»Die Laternen, in der eigentlichen Bedeutung dieses Wortes,
sind ein, von Eisen- oder Messing-Blech, auch wohl von Holz,
rund oder eckig gemachtes Behältniß, worein ein oder mehrere
Scheiben oder Wände von Glas, Horn, Marien-Glas, Schwein-
Blase, Papier, oder einer andern durchsichtigen Materie, eingesetzt sind, damit ein darein gesetztes Licht durchleuchte, und
weder Wind noch Regen solches auslösche. Sie bestehen aus
Seiten, auf deren einen eine Thür angebracht ist; einem Boden,
worin eine oder mehrere Dillen zum Lichte befindlich sind,
und einem Deckel mit Oeffnungen, wodurch sich der Dampf
vom Lichte ziehen kann. Die Erfindung der Laternen geht in
das höchste Alterthum zurück, und wahrscheinlich haben die
Reisen, die man in heißen Ländern, um der Sonnen=Hitze
auszuweichen, mehr des Nachts bey Fackeln unternahm, zu
ihrer Erfindung die erste Veranlassung gegeben. Man fand
nähmlich, daß die Fackeln zuweilen vom Winde ausgelöscht
wurden; um dieses zu verhüten, wählte man, statt ihrer, eine
Lampe, oder Kerze, die man mit einer durchsichtigen Einfas-
sung umgab, damit der Wind nicht mehr das Licht auslöschen

*könnte. Unter den Griechen gedenkt Hippokrates (um 3600)
der Laternen; und Alexander der Große (3648) soll sie zuerst
in Griechenland eingeführt, oder ihren Gebrauch gemeiner
gemacht haben. Er bediente sich ihrer, wenn er sein Kriegs-
Heer des Nachts marschiren ließ, wobey ihm die Fackeln nicht
zweckmäßig schienen, indem sie theils vom Winde ausgelöscht
werden, theils den Marsch allzu leicht dem Feinde verrathen
konnten. Aus eben diesem Grunde führte sie auch Julius Cäsar
bey den Römern ein. Die ersten Laternen bestanden aus einem
eisernen oder blechernen Rahmen, der mit einer gut zubereiteten und dünn geschabten Thier-Haut überzogen war, wodurch
sie durchsichtig ward. Aus solchen Laternen wußten die Alten
mit leichter Mühe Kriegs- oder Blend-Laternen zu machen, die
nur von Einer Seite Licht gaben; die zubereiteten Häute wurden
nähmlich auf drey Seiten der Laterne schwarz gefärbt, daher
das Licht hier nicht durchscheinen konnte; aber diejenige Haut,
welche die vierte Seite der Laterne bedeckte, wurde weiß gelassen, damit das Licht durchschimmerte.«*

Oekonomische Encyklopädie von Johann Georg Krünitz (ab 1773) wurde mit Öl betrieben, sie wies zudem zwei Reflektoren auf: Ein halbkugelförmiger Reflektor warf das Licht auf die Straße; ein leicht konkaver Reflektor zur Seite. Die Idee für diese Lampe geht im Wesentlichen auf Antoine Laurent de Lavoisier zurück; sie entstand im Zuge eines von der Académie des Sciences 1763 ausgeschriebenen Wettbewerbs. Diese Technik setzte sich schnell vielerorts durch.

Der Siegeszug der Straßenbeleuchtung war auf die Dauer nicht aufzuhalten, verlief allerdings alles andere als gradlinig, denn die Kosten dafür waren erheblich und es war nicht immer klar, ob die Obrigkeit oder die Bürger dafür aufkommen sollten. Haben wollten sie allerdings alle: Denn die Städte wurden dadurch sicherer und zeigten sich zudem in neuem Licht, erschienen schöner. In dem Buch *Das bey der Nacht Hervorleuchtende Leipzig* (1701) formulierte Tobias Beutel ein Plädoyer für die Nachtbeleuchtung: »So Wien und auch Berlin / so ist man auch bereit / In LEIPZIG bey der Nacht viel Lampen anzuzünden ...«

Und fügte dem hinzu: »Es wird manch Huren-Packt die Lichter müssen scheuen / Manch Dieb zu Bette gehen / der die Nacht gelaurt.« Straßenlaternen sollten nicht nur den Heimweg erhellen, es verknüpfte sich mit ihnen auch die Hoffnung, dass sie helfen könnten, die Kriminalität einzudämmen.

Für den »Soldatenkönig« Friedrich Wilhelm I. wurde das Aufstellen dieser Straßenlaternen zudem etwas, an dem sich seine Autorität bemaß – immer wieder warf man sie ein, woraufhin immer höhere Strafen angedroht wurden, allerdings ohne den gewünschten Erfolg. Ein 1730 verfasster Eintrag im *Corpus Constitutionum Prussico-Brandenburgensium* erwähnt, dass »die Bosheit und der Übermuth, so an den publiquen Laternen in hiesigen Residentzien durch Zerschlagung und Ruinirung derselben öffters verübet worden, nicht nachlassen will, vielmehr von Zeit zu Zeit immer grösser wird«. Von der Zerstörung mit »Stein- und Schneeball-Einwerffen, Stöcken oder andern Instrumenten, Ausgiessung der Lampen, Wegnehmung derselben« ist weiter die Rede. Ist der ertappte Verbrecher nicht in der Lage, das Bußgeld zu bezahlen, so werde gegen ihn »ohne alle Gnade mit scharfen Staupen-Schlägen und Brandmarck auf der Stirn verfahren, und er dazu des Landes verwiesen«.

Die Magistrate Stuttgarts verwiesen im frühen 18. Jahrhundert noch darauf, dass sich die Bürger bei nächtlichen Ausflügen mit Laternen und Fackeln behelfen sollten und das Mondlicht nutzen könnten. Während der Sommermonate verzichtete man ohnehin noch vielfach auf nächtliche Beleuchtung – auf Plänen war abzulesen, von wann bis wann, bei welcher Mondphase (»Monduntergang« bzw. »Mondaufgang«) die Lampen anzuzünden und zu löschen waren. In Weimar gab es Straßenlampen seit 1750, die dort ebenfalls nur während des Winters angezündet wurden. Betrieben wurden sie übrigens mit Fischtran, was zur Folge gehabt haben soll, dass sich ein leicht fischiger Geruch verbreitete.

Als der Schweizer Aimé Argand 1780 die nach ihm benannte, mit Öl betriebene Argand-Lampe erfand, kam das einer Revolution gleich – er verwendete einen Runddocht, der das Öl bei höherer Temperatur und sauberer verbrannte. Zudem stülpte er der Flamme einen Glaszylinder über, so dass sie beruhigt wurde und nicht nur viel helleres Licht hervorbringen, sondern auch dauerhafter brennen konnte – die von einer Lampe abgegebene Lichtmenge verzehnfachte sich. Brennstoff war zunächst aus Rapsöl hergestelltes Rüböl, später dann Petroleum.

In Paris gab es bei der mutwilligen Zerstörung der Laternen eine besondere Entwicklung, die zuerst mit ganz gewöhnlichem Vandalismus begann: »Trunkenbolde und Wüstlinge, die nächtens durch die Straßen schwärmten, machten sich einen Spaß, sie mit ihren Stöcken kaputtzuschlagen, wenn sie so hoch hingen«, heißt es in *Tableau de Paris* (Amsterdam 1782). Die Folge war, dass die Lampen noch höher angebracht wurden, so dass sie nicht mehr ohne Weiteres erreicht werden konnten. Wie Wolfgang Schivelbusch ausführt, gingen die Zerstörungswilligen dann aber dazu über, »die Seile, an denen die Laternen hingen, zu kappen und dergestalt die Laternen auf dem Pflaster zerschellen zu lassen«. In der Folgezeit wurde allerdings klar, dass es einen Zusammenhang von Lampenvandalismus und revolutionären Umtrieben gab: Die Rebellion gegen die bestehende Ordnung richtete sich zuerst gegen die öffentlichen Lampen; nur in der nicht überwachbaren Dunkelheit herrschte Freiheit. Die Strafe für Lampenzerstörung war auch hier rigide, sie betrug mehrere Monate Haft. Später kam den Straßenlaternen eine noch unrühmlichere Rolle zu: In der blutigen Phase der Revolution hängte man die Vertreter des alten Regimes an den Laternen auf. Im zeitlichen Umfeld der Julirevolution 1830 setzten sich die Laternenzerstörungen in Paris dann erneut fort; jetzt allerdings in pragmatischer Absicht: Man wollte die Orientierung der königlichen Truppen verunmöglichen. Und tatsächlich zogen sich diese zurück. Der Pariser Polizeichef rief die Bürger auf:

»Haltet Euch fern von diesen Elenden; lasst euch nicht durch eine unkluge Neugierde verleiten, an diesen Aufläufen Anteil zu nehmen. Bleibt in euern Wohnungen; stellt nachts Lampen an eure Fenster zur Erleuchtung der Straßen; beweist durch die Klugheit und weise Einrichtung eures Betragens, dass ihr nichts gemein habt mit jenen Auftritten, die euch zur Schande gereichen würden.«

Mit der Verbesserung der Beleuchtung verschoben sich sukzessive immer mehr Veranstaltungen in die Abend- und Nachtzeit, zunächst besonders im Umfeld des Adels. Barocke Rossballette zum Beispiel waren an den Höfen schon länger in Mode. Wohl aber unübertroffen blieb eine Aufführung der Oper *Der Pferdetanz* bei den Medici 1661 in Florenz: Tausend Fackeln illuminierten die Arena, in der die Rosse zum Fiedeln der zweihundert Geigen »tanzten«, und steigerten zugleich die Dramatik der Inszenierung. Die Stadt Nürnberg eröffnete 1668 ihr beleuchtetes und beheiztes »Nachtkomödienhaus« als Kunsttempel der Reichsstadt. Das erste dort in Gegenwart der patrizischen Edelleute und Ratsherren im Schein von unzähligen Kerzen aufgeführte Stück war *Macaria* von Johann Geuder. Selbst Begräbnisse ließ man mit viel Pomp zur Nachtzeit inszenieren: Der Trauerzug des Kardinals Richelieu im Paris des Jahres 1642 wurde mithilfe von zweitausend Kerzen und Fackeln beleuchtet. Bald darauf, im frühen 18. Jahrhundert, veranstaltete man zum Beispiel in London mitternächtliche Maskenbälle, die in von unzähligen Wachskerzen erleuchteten Sälen ausgerichtet wurden.

Um diese Zeit hatten sich in vielen Städten schon Kaffeehäuser etabliert, die bis in die späten Abendstunden geöffnet blieben und denen bald der Ruf anhing, Orte für aufrührerische Gespräche zu sein. Diese Vorbehalte blieben nicht ohne Wirkung: In Frankfurt am Main mussten die Cafés im Jahre 1703 für ein ganzes Jahr den Betrieb einstellen. In Wien ordnete man um diese Zeit an, dass sie nur bis zehn Uhr abends geöffnet sein durften.

Zuweilen verfügten die Obrigkeiten auch, dass man abendlich-nächtliche Gesellschaften nur für Vereine zuließ, die sich mit behördlicher Genehmigung versammeln durften. Während Frauen niedrigerer gesellschaftlicher Ränge oft als des Ehebruchs oder der Prostitution verdächtig galten, wenn sie dort verkehrten, konnten die Damen der Elite sich in der Regel ohne Probleme in die Cafés und Salons begeben. Paris war für seine besonders tolerante Haltung für nächtliche Ausflüge bekannt. Montesquieu schrieb einmal: »Frauen und faule Jugendliche blieben immer bis spät in die Nacht auf. Oft begann der Tag eines Ehemanns da, wo der seiner Frau endete.« Um eventuellen Verdächtigungen zu entgehen, begaben sich manche Frauen nächtens in Männerkleidung auf die Straße.

Schon seit dem 18. Jahrhundert war die nächtliche Sicherung der Städte dem zunehmenden Verkehr hinderlich, so dass Mauern und Tore vielerorts beseitigt wurden. Mit der Industrialisierung beschleunigte sich die Verlagerung von Produktions- und Trans-

portaktivitäten in die Nacht weiter, ob in den Baumwollspinnereien, in den Eisengießereien oder bei Handelstransporten und
Postkutschen. Und auch bei den Abnehmern ihrer Ware änderte
sich das Verhalten: Ladenbesitzer stellten sie in hell erleuchteten
Schaufenstern aus und lockten so die jetzt häufiger werdenden
spätabendlichen Passanten an.

Welches Gefälle bei der nächtlichen Stadtbeleuchtung zwischen
verschiedenen Regionen existierte, illustriert ein Erlebnis des Fürsten von Monaco, der gegen Ende des 18. Jahrhunderts nach London
kam. Aus den vielen Lichtern auf den Straßen und in Schaufenstern
soll dieser irrtümlicherweise geschlossen haben, diese seien extra
für den Zweck illuminiert worden, ihm Ehre zu erweisen.

Auch der auf dem Lande lebende englische »peasant poet« John
Clare war von den Lichtern der Stadt verwirrt. 1823 kam er mit seinem Freund Octavius Gilchrist nach London, in seinen *Autobiographical Sketches* erinnert er sich daran (seine eigentümliche Orthografie ist in der deutschen Übersetzung nachempfunden):

> *»Ich erinnere mich noch gut daran wie wir in der schweren*
> *schlingernden kutsche schaugelten*
> *London hatte für ihn [Clare meint Gilchrist] keinen neuen reiz*
> *jedoch für mich war jedes ding ein wunder*
> *Ich hatte in meinen lese büchern von den sieben welt wundern*
> *gelesen doch fand allein in london tausende*
> *indes wir näher kamen war die strasse mit lampen gesäumt*
> *die sich in der ferne zu sternen verloren das ist London rief ich*
> *aus«.*

Freilich war Clare noch gar nicht ins Stadtinnere vorgedrungen –
sein Begleiter eröffnete ihm lachend, dass sie sich »noch einige
Meilen von London entfernt« befänden.

Im Laufe der ersten Hälfte des 19. Jahrhunderts setzte eine
grundlegende Veränderung des Beleuchtungssystems ein: Die
Befeuerung der Laternen mit Gas trat an die Stelle der Öllampen.

Damit bekam das Laternenlicht eine völlig neue Qualität – die Gas-
flamme brannte nicht nur gleichförmiger, sondern hell und blen-
dend weiß, so hell, dass sie mit einem Milchglasschirm versehen
wurde. Der Nachteil war, dass der enorme Sauerstoffbedarf und
die entstehende Wärme in Innenräumen eine gute Belüftung der
Räumlichkeiten notwendig machte – Ventilationsanlagen führten
die verbrauchte Luft über Abzugsrohre nach draußen ab. Eine ganze
Industrie war entstanden, um die Lampen beschicken zu können.
Gasanstalten und Gasometer brachten eine erhebliche Explosions-
gefahr mit sich. Vorreiter auf diesem Gebiet war England, die Länder des Kontinents folgten erst allmählich nach. Die ersten Berliner
Gaslaternen waren 1826 Unter den Linden zu bestaunen.

Ein weiterer Beleuchtungs-Quantensprung vollzog sich, nachdem Thomas Edison 1879 seine Glühlampe zum Patent angemel-
det hatte. Wenige Jahre später gab es in London und New York die
ersten Anlagen mit elektrischem Licht, und bald die ersten prunk-
voll erleuchteten Warenhäuser. Markante Gebäude wurden mit
Lichterketten versehen, was der nächtlichen Stadt eine völlig neue
Anmutung gab. Nun hatte das Licht seine Herrschaft über die Stadt
angetreten.

Eine besondere Entwicklung erfuhr die nächtliche Stadtbeleuchtung in Nordamerika, wie Wolfgang Schivelbusch in seiner
Untersuchung *Lichtblicke* dokumentiert hat. Schon im frühen
19. Jahrhundert hatte es in Richmond, Virginia, den Vorläufer eines
»Lichtturms« gegeben, dessen Thermolampe die Umgebung aus
einer noch bescheidenen Höhe von etwa 13 Metern erhellte und
wohl dem Vorbild der Leuchttürme folgte. Das Prinzip wurde bis
ins spätere 19. Jahrhundert nicht weiterverwendet, weil die verfüg-
baren Lichtmassen noch nicht ausreichten, um einen sichtbaren
Beleuchtungseffekt zu erzeugen. Das änderte sich erst mit dem
elektrischen Bogenlicht. Die neuen Lichttürme in Städten des Mitt-
leren Westens und Westens ragten 50 bis 150 Meter in die Höhe.
»Die Strahlen des künstlichen Lichts überfluten die ganze Stadt

»*Abends giengen wir in der schönen Oxford-Straße auf und ab spatzieren; denn man sieht immer gewisse Waaren bei der Beleuchtung in mehrerem Glanz. Denke euch aber, liebe Kinder! Eine, einer halben Stunde lange, mit doppelten Reihen hellglänzender Laternen besetzte Straße ... Die Liqueurbuden sind besonders verführerisch, da die Engländer ohnehin starke Getränke lieben. Hier stehen nun die Flaschen von Kristall in den schönsten verschiedenen Formen aufgestellt; jede hat ein eigenes Licht hinter sich, welches die verschiedenen Farben des Liqueurs schimmernd macht ... Am meisten bewunderten wir eine Bude mit argantischen und andern Lampen; welche in einem Eckhaus angebracht ist, und einen wirklich blendenden Anblick gewährt; alle Formen und Arten von Lampen in Krystall, in laquiertem Blech, in Metall vom Silber bis zu Meßing aller Farbe; große und kleine Laternen, in so kunstvoller Ordnung aufgestellt, und so schön beleuchtet, daß man jede wie bei dem höchsten Sonnenlichte deutlich sehen konnte ... Man trifft bis 11 Uhr nachts immer so viele Menschen auf dieser Straße an, als in Frankfurt während der Messe ... Die wirklich perspektivische Einrichtung der Boutiquen, und die daranstoßenden Wohnzimmer, machen ein eben so großes Vergnügen. Denn man sieht durch die so vortrefflich beleuchtete Buden hindurch manche einnehmende Familienscene: die eine arbeiten noch; die andere trinken Thee; die dritte unterhalten sich mit einem freundlichen Besuch; in einer vierten scherzen und spielen Eltern mit ihren kleinen Kindern ...*«*

Sophie von La Roche,
Tagebuch einer Reise durch Holland und England (1788)

und dringen bis in die Außenbezirke vor, in denen es bis dahin keine einzige Gaslaterne gegeben hatte«, schrieb ein französischer Besucher. In Detroit wurden 122 solcher Lichttürme über das ganze Stadtgebiet verteilt, die einen regelrechten Lichtteppich ergaben. Ein für die Pariser Weltausstellung von 1889 konzipierter, kühner »Sonnenturm«, der im topografischen Zentrum der Stadt, in der Nähe des Pont-Neuf, die Funktion einer Zentralbeleuchtung haben und dessen Licht über zusätzliche Reflektoren »bis ins Innere der Häuser und Wohnungen dringen« sollte, kam jedoch nicht über den Projektstatus hinaus. Das Ganze war von lebhafter Diskussion über das Für und Wider begleitet, lange bevor sich jemand über die Einschränkung von Privatrechten – durch das Ausleuchten der Wohnungen – hätte echauffieren können.

Die sich zügig entwickelnde Erleuchtung, Beleuchtung und Ausleuchtung hatte noch eine andere wichtige Funktion, wie Joachim Schlör in *Nachts in der großen Stadt* anmerkt: »Noch mehr als zuvor galt nun das Licht als Ausweis der Modernität einer großen Stadt, noch stärker als zuvor wird seine Abwesenheit als Mangel empfunden«. Die Regionen, die jetzt immer noch im Dunkeln lagen, erschienen demzufolge »als zurückgebliebene Reste einer dunklen Vergangenheit, als Gegenden, die *noch* nicht in den Genuss der Erhellung gekommen sind«. Das gilt noch viel mehr für die ländlichen Regionen Europas, die zum Teil noch bis in die 1960er-Jahre hinein nicht an das Stromnetz angeschlossen waren. Ähnliches gilt für einige Regionen der Erde bis heute – mehr als eine Milliarde der in Asien lebenden Menschen hat bis heute keinen Zugang zu Elektrizität, im subsaharischen Afrika ist es mehr als eine halbe Milliarde.

Nachtarbeiter

Der im ersten Jahrhundert lebende römische Lehrer Quintilian bezeichnete die Nachtarbeit, »sooft wir sie frisch und erholt antreten«, als »die beste Form der Zurückgezogenheit«. Zwar war ihm bewusst, dass nur Vielbeschäftigte der Zwang in die Nachtarbeit hineintreibe und Gesundheit und einfache Lebensweise Voraussetzungen dafür waren, andererseits sollte es eine Option sein, die jedem offenstand.

Denkt man an Berufe, die nachts ausgeübt werden, fallen einem an erster Stelle die Nachtwächter ein. »Ihr seid die Hüter der Schlafenden, Beschützer der Häuser, Wächter der Tore, unsichtbare Beobachter und stille Richter«, umschrieb der römische Staatsmann Cassiodorus ihre Pflichten im fünften Jahrhundert.

Später, während des Mittelalters, sorgten mal von der Stadtverwaltung, mal von Bürgern in Eigenregie bestellte Nachtwächter dafür, dass die Stadttore verriegelt waren, und hielten, durch die Gassen laufend, Ausschau nach verdächtigen Personen und drohenden Gefahren. Wachleute vermeldeten mit Glocken, Signalhörnern, Pfeifen, Rufen oder Gesang, welche Stunde gerade geschlagen hatte. Glaubt man Michel de Montaignes Bericht über seine im Jahre 1580 unternommene Reise nach Deutschland, gingen die Wächter *»nachts um die Häuser herum, nicht so wohl der Diebe, als vielmehr des Feuers oder andern Gelärms wegen. Wenn die Uhren schlagen, so muss einer dem andern aus vollem Halse zurufen und fragen, was die Glocke sei; worauf der andere eben so laut antwortet; und ihm überdies noch eine gute Wache wünscht«.*

Als Gotthold Ephraim Lessing die Kammerzofe Franziska in *Minna von Barnhelm* (1767) über den nächtlichen Lärm klagen lässt, dürfte das nicht ganz aus der Luft gegriffen gewesen sein: *»Wer kann in den verzweifelten großen Städten schlafen? Die Karossen, die Nachtwächter, die Trommeln, die Katzen, die Korporals – das hört nicht auf zu rasseln, zu schreien, zu wirbeln, zu mauen, zu fluchen.«*

So wichtig die Nachtwächter für die nächtliche Ordnung waren, um ihren Ruf war es oft nicht gut bestellt; ähnlich den Scharfrichtern, Totengräbern, Lumpensammlern und Barbieren entstammten sie meist unteren Schichten und ihre Bezahlung war schlecht. Viele von ihnen erlagen der Versuchung, sich bestechen zu lassen und bei einem Raub oder ähnlichen Vergehen ein Auge zuzudrücken. Immer wieder kam es vor, dass Nachtwächter der Korruption überführt wurden. Es überrascht nicht, dass sie oft mit den zwielichtigen nächtlichen Streunern gleichgesetzt wurden, auf die sie eigentlich ein Auge werfen sollten.

Kein Wunder, dass sie als Identifikationsfiguren oder gar Romanhelden wenig taugten – das sollte sich erst in der Romantik ändern, in der man verstärkt begann, sich für die Nachtseite der menschlichen Psyche und die Randgestalten der Gesellschaft zu interessieren. Damit kam auch eine bis dahin unbekannte Wertschätzung der Nachterfahrung auf – die Nacht war nun nicht mehr nur die Zeit, in der man sich mit allen möglichen Einschränkungen zu arrangieren hatte, das notwendige Übel gewissermaßen, sie hielt auch bis dahin nicht geschätzte ästhetische Möglichkeiten bereit, die es zu erkunden galt. »Abwärts wend ich mich zu der heiligen, unaussprechlichen, geheimnißvollen Nacht«, schrieb Novalis.

In dem 1805 erschienenen Roman *Die Nachtwachen von Bonaventura* nimmt ein Nachtwächter namens »Kreuzgang« die korrupten und spießbürgerlichen Denkweisen seiner Zeit aufs Korn: Einmal lässt er sich darüber aus, wie »Staatsmänner ... das Menschengeschlecht auf mechanische Prinzipien« reduzieren, ein anderes Mal prangert er den »schändlichen Sklavenhandel« der Fürsten

»*Von der Schönheit im vollen Mondschein Rom durchzugehen hat man, ohne es gesehn zu haben, keinen Begriff. Alles Detail, wird von den großen Massen des Lichtes und des Schattens verschlungen und nur die größten allgemeinsten Bilder stellen sich dem Auge dar. Seit drei Tagen sind die hellsten und herrlichsten Nächte die wir wohl genoßen haben.*

Einen besonders schönen Anblick gab uns das Colisee. Es wird Nachts zugeschloßen, ein Eremite wohnt an einem Kirchelchen drinne, und Bettler nisten sich in die zerfallnen Gewölbe. Sie hatten, scheint es, ein Feuer angemacht und eine stille Luft trieb den Rauch erst auf der Arena hin, daß der untere Theil der Ruinen bedeckt war und die ungeheuern Mauern oben drüber heraus sahen. Wir standen an dem Gitter und sahen dem Phänomen zu. Der Mond stand hoch und heiter. Nach und nach zog sich der Rauch durch die Gewölbe, durch die Ruinen Wände und der Mond beleuchtete ihn wie einen Nebel. Der Anblick war köstlich. So muß man das Pantheon, das Capitol beleuchtet sehn. Den Vorhof der Peterskirche und andre große Straßen und Plätze.«

Johann Wolfgang von Goethe,
Aus einem Brief an Charlotte von Stein, 1787

und Herrscher an. Er, die misstrauisch beäugte Randfigur der Gesellschaft, deckt schonungslos die Nachtseite der vermeintlich so anständigen, angesehenen Gesellschaft auf. Sein Name verdankt sich der Tatsache, dass er einst in einem Kreuzgang von einem Schuhmacher und Alchimisten als Findelkind entdeckt wurde. Er, der von der Welt in die Dunkelheit Verstoßene und für verrückt Gehaltene, steht über den Dingen. Er beobachtet das Treiben der angeblich Wohlanständigen und entlarvt es als nichtiges Schauspiel – die Scheinheiligkeit bürgerlicher Verhaltensweisen und die hohle Mechanik des Gesellschaftslebens werden im Verlauf des Buches immer offensichtlicher, ohne dass es ein positives Gegenbild gibt – die *Nachtwachen* ist eines der ersten deutschen Bücher, das eine Welt ohne Trost zeigt.

»Die Nachtstunde schlug; ich hüllte mich in meine abenteuerliche Vermummung, nahm die Pike und das Horn zur Hand, ging in die Finsterniß hinaus und rief die Stunde ab, nachdem ich mich durch ein Kreuz gegen die bösen Geister geschützt hatte. Es war eine von jenen unheimlichen Nächten, wo Licht und Finsterniß schnell und seltsam mit einander abwechselten. Am Himmel flogen die Wolken, vom Winde getrieben, wie wunderliche Riesenbilder vorüber, und der Mond erschien und verschwand im raschen Wechsel. Unten in den Straßen herrschte Todtenstille, nur hoch oben in der Luft hauste der Sturm, wie ein unsichtbarer Geist. Es war mir schon recht, und ich freute mich über meinen einsam wiederhallenden Fußtritt, denn ich kam mir unter den vielen Schläfern vor wie der Prinz im Mährchen in der bezauberten Stadt, wo eine böse Macht jedes lebende Wesen in Stein verwandelt hatte; oder wie ein einzig Übriggebliebener nach einer allgemeinen Pest oder Sündfluth. Der letzte Vergleich machte mich schaudern, und ich war froh ein einzelnes mattes Lämpchen noch hoch oben über der Stadt auf einem freien Dachkämmerchen brennen zu sehen.«

Lange wurde gerätselt, welcher deutsche Autor sich hinter dem Pseudonym »Bonaventura« verbirgt. Erst vor wenigen Jahrzehnten wurde über den Fund einer Handschrift in einer Amsterdamer Bibliothek der Braunschweiger Dramatiker August Klingemann als Autor identifiziert.

Mit dem raschen Wachstum der Städte im 19. Jahrhundert wurde das System der nächtlichen Ordnungshüter immer besser organisiert. Viele Nachtwächter zogen nun als Patrouillen durch die nächtlichen Straßen.

Zudem entstand eine Reihe neuer, mit der Nacht zusammenhängender Berufsbilder, darunter das des Aufweckers, des *knocker-upper*. Seine Aufgabe war es, mit einem Stock an das Fenster eines Arbeiters zu klopfen, um ihm zu signalisieren, dass es Zeit zum Aufstehen für die Frühschicht war. Dafür bekam er ein kleines Entgelt. Erst als Uhren und Wecker für jedermann erschwinglich waren, übernahmen nun sie diese Aufgabe.

»Ich wandre durch die stille Nacht,
Da schleicht der Mond so heimlich sacht
Oft aus der dunklen Wolkenhülle,
Und hin und her im Tal
Erwacht die Nachtigall,
Dann wieder alles grau und stille.

O wunderbarer Nachtgesang:
Von fern im Land der Ströme Gang,
Leis schauern in den dunklen Bäumen –
Wirrst die Gedanken mir,
Mein irres Singen hier
Ist wie ein Rufen nur aus Träumen.«

Joseph von Eichendorff

Noctivaganten
und das Lob der Nacht

Friedrich Wilhelm Riemer, Goethes Sekretär, berichtet, wie sein Dienstherr, der nachts gern schwimmen ging, einmal »einen Bauern aus Oberweimar, der spät in der Nacht nach Hause zurückkehrend, über das Gatter der Floßbrücke steigen wollte, dadurch in Furcht und Schrecken versetzt, dass er in seiner weißen Gestalt mit schwarzem langem Haupthaar, aus dem Wasser auf und nieder tauchend und dabei wunderbare Töne von sich gebend in jenem Manne die energische Vorstellung einer Ilmnixe erregte, deren Existenz dieser sich nun wahrscheinlich nicht wieder habe ausreden lassen«. Man kann nur darüber spekulieren, was genau Goethe dazu bewog, nachts in der Ilm schwimmen zu gehen. Ob er ein gewisses Vergnügen an Szenen wie der eben geschilderten hatte? Seine Faszination für die Nacht war auf jeden Fall wohlbekannt. Ein Grund mag in dem gelegen haben, was er in Neapel zum Scheinen des Mondlichts formulierte: »Es übernimmt einen wirklich das Gefühl von Unendlichkeit des Raums.«

»Wer nicht bei Tage gehn darf, schleicht bei Nacht«, ließ Shakespeare seinen Bastard Philipp in *König Johann* sagen. Wer sich nachts bewegte, galt lange als verdächtig. Erst in der Romantik wurde das Nachtwandern gesellschaftsfähig. Vielleicht gab es zwischen den Menschen, die nun nachts unterwegs waren, so etwas wie ein geheimes Band, teilten sie doch Erfahrungen, die andere nicht hatten. Einerseits bewegten sie sich in den Fußspuren der Nachtwächter,

Ausgestoßenen und Heimatlosen, andererseits waren sie respektable Bürger – erschlossen diesen also ganz neue Erfahrungsbereiche. Die tagsüber von Menschenmengen gefüllten Straßen änderten nachts ihren Charakter völlig – bei manchem einsamen Nachtwanderer stellte sich sogar das Gefühl ein, die Stadt gehöre nun ganz ihm.

Wie kaum ein anderer erkundete der französische Romancier Nicolas Rétif de la Bretonne eine der größten Städte der Welt während der Nacht: das Paris der vorrevolutionären und der revolutionären Zeit. Sein Buch *Die Nächte von Paris* ist ein umfassendes Panorama von Orten und Gestalten, ein einzigartiges Dokument teilnehmender Beobachtung. De la Bretonne, der sich als »Eulen-Zuschauer« bezeichnete, erklärte darin: *»Ich liebe die Nacht. In ihr fühle ich mich freier als am Tag. Alles gehört mir während der Nacht. Bei Tagesanbruch lege ich mich hin und schlafe zwei Stunden. Gegen Mittag schlafe ich noch einmal, bis zwei Uhr. Vier Stunden Schlaf sind genug.«*

Es ist nicht ganz klar, ob sich de la Bretonne diesen ungewöhnlichen Rhythmus nur aus Liebe zur Nacht aneignete oder ob er dabei auch gewissermaßen ›beruflich‹ unterwegs war. Es gibt Forscher, die die These vertreten, er sei dafür von der Polizei entlohnt worden. Andere halten dies aber für Unsinn. Bretonne selbst stellt sich in seinem Buch jedenfalls als Diener der Bewohner der Stadt dar:

»Nachtkauz! Wie oft haben mich deine düsteren Rufe im Dunkel der Nacht erschauern lassen! Traurig und einsam wie du irrte ich allein in der Düsternis dieser unermesslichen Stadt umher. Der Schein der Straßenlaternen zerteilt die Schatten, aber er beseitigt sie nicht, sondern lässt sie deutlicher hervortreten – es ist dies das Clair-obscur der großen Maler! Einsam irrte ich umher, die Menschen kennenzulernen ... Was gibt es nicht alles zu sehen, wenn aller Augen geschlossen sind! Ihr friedlichen Bürger, für euch bin ich wach geblieben! Für euch habe

ich die Nächte durchwandert. Für euch habe ich die Höhlen des Lasters und des Verbrechens aufgesucht. Dem Laster und dem Verbrechen indessen gelte ich als Verräter, denn ich werde euch deren Geheimnisse offenbaren ... Für euch habe ich ihnen stundenlang und ganze Nächte hindurch aufgelauert und habe mich von ihnen erst abgewendet, wenn die Morgenröte sie und ihre Komplizin, die Finsternis, vertrieb ...«

Aus ganz anderen Gründen durchwanderte Charles Dickens die Nächte. Er soll lange Zeit seines Erwachsenenlebens unter Schlaflosigkeit gelitten haben. Um dem zu begegnen, richtete er seine Schlafstatt auf einer Nord-Süd-Achse aus, wobei die Kopfseite des Bettes gen Norden zeigte. Diese Vorkehrung scheint dennoch nur begrenzt wirksam gewesen zu sein, so dass er eine Zeitlang häufiger zu nächtlichen Ausflügen aufbrach, und zwar jeweils eine halbe Stunde nach Mitternacht. In der Morgendämmerung kehrte er dann erschöpft heim. »Im Verlauf dieser Nächte«, so schrieb er in seinem Essay *Night Walks* (1851), »vervollkommnete ich meine Ausbildung als Dilettant auf dem Sachgebiet der Obdachlosigkeit«. Eine seiner Wanderungen, bei der er von seiner Londoner Wohnung zu seinem Landhaus in der Nähe von Rochester lief, ist genauer dokumentiert – er legte die knapp 50 Kilometer lange Strecke in sieben Stunden zurück.

Schon früher hatte Dickens einen Blick für die Besonderheiten der nächtlichen Stadt, wie hier in den *Skizzen aus dem Londoner Alltagsleben* (1839):

»Will man die Straßen von London in ihrer ureigenen Pracht sehen, muss man sie an einem dunklen, trüben, düstern Winterabende besuchen, wenn sich gerade genug Dunst auf den Boden senkt, um das Pflaster schlüpfrig zu machen, es aber nicht von seinem Schmutz zu säubern, und wenn der schwere, träge Nebel, der auf jedem Gegenstand liegt, das Licht der Gaslampen und

die helle Beleuchtung der Kaufläden durch den Kontrast gegen die ringsum herrschende Dunkelheit stärker hervorhebt.«

Dickens ging es bei den nächtlichen Streifzügen auch darum, die Lebensbedingungen der unteren Gesellschaftsschichten zu erforschen, die metaphorische »Nachtseite« der Stadt, sein Herz war bei den Armen und Analphabeten. Einmal, als er vor einer Nervenheilanstalt stand, zog er eine interessante Parallele: »Sind nicht die Gesunden und die Wahnsinnigen sich nachts gleich, wenn die Gesunden in ihren Betten träumen? Sind nicht alle von uns, die wir uns außerhalb dieses Krankenhauses befinden, wenn wir träumen mehr oder weniger jede Nacht unseres Lebens wie diejenigen, die in ihm eingesperrt sind? Bringen wir bei Nacht nicht Ereignisse und Menschen, Zeiten und Orte durcheinander, wie diese Insassen es täglich tun?«

Oft verknüpfte sich bei Nachtwanderern mit der nächtlichen Erkundung die Hoffnung, die »wirkliche« Stadt erkennen zu können, gewissermaßen das Skelett der Stadt zu sehen. »Die von künstlicher Helligkeit ausgeleuchtete Vernetzung nächtlicher Schauplätze macht eine ganz andere Karte der Großstadt erkennbar als bei Tag«, diagnostiziert Elisabeth Bronfen in *Tiefer als der Tag gedacht*. Die nächtliche Stadt wird für nachromantische Schriftsteller und später für Filmemacher immer öfter zum Schauplatz, zu einer Kulisse für Auseinandersetzungen und Dramen, die am Tag kaum möglich scheinen. Denn in der Nacht gelten andere Gesetze, und es treffen Menschen aufeinander, die tagsüber in getrennten Welten leben. Nachtschwärmer und Noctivaganten erhoffen sich von der Nacht Zerstreuung, Vergnügen – oder eine günstige Gelegenheit zu zwielichtigen Tätigkeiten. Auch das tagsüber verdrängte Andere offenbart die Nacht: Die Lady wird zum Vamp, der Müllentsorger zum Dealer, der biedere Bankangestellte zum flamboyanten Crossdresser, so mancher, der tagsüber Sittenstrenge predigt, frönt nachts dem Laster.

»Leidenschaftlich lieb' ich die Nacht. Ich liebe sie, wie man seine Heimat oder seine Geliebte liebt, mit instinktiver, tiefer und unbezwinglicher Liebe. Mit all' meinen Sinnen lieb' ich sie: mit meinen Augen, die sie sehen, mit meinem Geruch, der sie einsaugt, mit meinen Ohren, die ihre Stille vernehmen, mit meinem ganzen von der Finsternis gehätschelten sinnlichen Wesen. Im Sonnenstrahl, in der blauen warmen Luft, in dem Lüftchen, das durch den hellen Morgen zieht, jubeln die Lerchen. Der Uhu aber fliegt in den Schatten der Nacht wie ein dunkler Flecken, der durch den schwarzen Raum fährt, und stößt fröhlich, trunken von der düstern ungeheuren Weite seinen durchdringenden und unheimlichen Schrei aus.
Der Tag ermüdet und langweilt mich. Er ist brutal und geräuschvoll. Mit Widerstreben stehe ich auf, voll Überdruß kleide ich mich an, mit Bedauern gehe ich aus, und jeder Schritt, jede Bewegung, jede Geberde, jedes Wort, jeder Gedanke ermüdet mich, als ob ich eine erdrückende Bürde zu heben hätte.

*Wenn aber die Sonne sinkt, so übernimmt meinen ganzen Kör-
per ein unbestimmtes Gefühl der Lust. Ich erwache und werde
munter; es fährt ein ganz anderes Leben in mich. Je mehr die
Schatten wachsen, um so jünger, stärker, beweglicher, glückli-
cher fühle ich mich. Ich sehe das Dunkel sich verdichten, das
ungeheure weiche Dunkel, das der Himmel herniedersenkt. Es
überflutet die Stadt wie eine unfaßbare, undurchdringliche
Woge, es verhüllt, verwischt, zerstört die Farben und Formen,
es umwogt mit seiner unmerkbaren Berührung die Häuser, die
lebenden Wesen und die Baudenkmäler. Dann juckt es mir,
vor Lust zu jauchzen wie die Dohlen und über die Dächer zu
huschen wie die Katzen, und in meinen Adern entbrennt eine
ungestüme, unbesiegliche Liebessehnsucht.
Ich gehe und wandre, bald in den dunkelnden Faubourgs, bald
in den Gehölzen in der Nähe von Paris, wo ich meine Geschwis-
ter, die Tiere des Waldes und die Wildschützen umherschlei-
chen höre.«*

Guy de Maupassant, *Novellette*

Kaum jemand ist für die schriftstellerische Wertschätzung der Nacht so wichtig wie Charles Baudelaire, der in *Die Paradiese des Teufels oder Der Spleen von Paris* schreibt:

»Endlich! Allein! Man hört nur noch das Rollen einiger verspä-teter, todmüder Droschken. Einige Stunden lang tritt Schweigen, wenn nicht gar Ruhe um uns ein. Endlich vergeht die Tyrannei menschlicher Gesichter, keiner kann mich noch quälen, nur durch mich selbst werde ich leiden.
Endlich! Im Bad der Dunkelheit darf ich entspannen. Erst die Tür doppelt verschließen. Das verstärkt meine Einsamkeit und meine Barrikaden gegen die Welt.«

Atemlos durch die Nacht

Ein Nachtclub ist eine Mischung aus Bar, Tanzhalle und Konzertraum. Oft gelten die elitären Etablissements im Paris des ausgehenden 19. Jahrhunderts als dessen Keimzelle. Etwa das »Le Chat Noir«, ein legendäres Kabarett und Treffpunkt der Bohème auf dem Montmartre, das seine Türen 1881 öffnete und dessen Konzept bald auch außerhalb Frankreichs kopiert wurde. Henri de Toulouse-Lautrec hat wie kaum ein anderer die laszive Atmosphäre dieser Zeit auf seinen Plakaten festgehalten. Überhaupt ist Paris die Stadt, an deren Nachtleben sich lange alle anderen maßen. Was begründete die besondere Faszination dieser Stadt? Wie Johannes Willms in *Paris: Hauptstadt Europas 1800–1914* schreibt, gab es dort *»einen gesellschaftlichen Freiraum, der von der sonst herrschenden sozialen Kontrolle ausgenommen war ... Montmartre war insofern etwas wie ein das ganze Jahr während er Karneval, ein Maskentreiben, das jedermann, der sich darauf einließ, die Chance gab, für Stunden ein anderer zu sein, aus der Haut bürgerlicher Respektabilität zu schlüpfen und sein Vergnügen darin zu finden, in einem fremden und gleichzeitig verlockenden Milieu der Bohème, der Prostitution und der Kriminalität unterzutauchen«.*

Der Mythos von Paris, und zwar besonders bei Nacht, ist ein überaus langlebiger. Ein nächtlicher Wanderer begegnet uns in Woody Allens Film *Midnight in Paris* (2011). Der amerikanische Drehbuchautor Gil Pender kommt mit seiner Verlobten Inez und deren Eltern nach Paris, um sich dann allerdings bald von Inez zu entfremden und seine wirkliche Liebe zu entdecken. Eines Nachts wird er eingeladen, in ein Auto einzusteigen, und gelangt in eine Gesellschaft, die im Stil der 1920er-Jahre gekleidet ist. Es handelt sich dabei nun jedoch nicht etwa um eine nostalgisch inspirierte Kostümparty; Gil hat tatsächlich einen Zeitsprung vollzogen und lernt Persönlichkeiten wie Ernest Hemingway, Josephine Baker, F. Scott Fitzgerald, Salvador Dalí, Luis Buñuel und Pablo Picasso leibhaftig kennen, die damals in Paris zu Hause waren. Gertrude Stein gibt ihm Schützenhilfe beim Verfassen seines Romans. Diese Ausflüge wiederholen sich. Bald trennt er sich von Inez und trifft bei einem seiner nächtlichen Spaziergänge eine andere Frau wieder, die seine Geliebte wird.

Mit den neuen Möglichkeiten elektrischer Beleuchtung konnten nächtliche Vergnügungen in großzügigeren, oft riesigen Sälen veranstaltet werden. Für lange Zeit der größte Tanzpalast Nordamerikas war das 1898 vermutlich von Albert Kahn entworfene Gebäude auf der Insel Bois Blanc in Amherstburg, in der Nähe von Detroit (dem »Coney Island« von Detroit, wie es auch genannt wurde), das fünftausend Menschen aufnehmen konnte. Auf der Ostseite mit einer Glaswand versehen, erinnerte es an eine Kathedrale. Obwohl auf kanadischem Gebiet gelegen, wo es keine Rassentrennung gab, weigerten sich die Fährbetriebe, schwarze Passagiere auf die Insel zu befördern. Zumindest bis ein Gerichtsentscheid das für unzulässig erklärte.

Der Politiker und Arzt Willy Hellpach schrieb 1905 über das, was er in den Metropolen beobachtet hatte: *»Und Stadtleben ist Nachtleben! Desto mehr, je städtischer es wird, und am allereinseitigsten in der Großstadt – zum Extrem getrieben in der Weltstadt. Die Folgen bleiben für die Gestaltung des Genießens nicht aus. Erst das Nachtleben bringt eine Summe von Reizen zustande, einen unaufhörlichen Wechsel des Nervenkitzels, der zu wachsender Sinnlichkeit führt; und ist das Genußleben erst gewohnheitsmäßig nokturn geworden, so wirkt dies nun wieder in die Richtung, daß es alles Genießen unvermeidlich an die Stadt fesselt.«*

Im Jahr 1914 veröffentlichte der amerikanische Journalist Karl K. Kitchen *The Night Side of Europe*. Kitchen meinte damit nicht etwa die Unterwelt Europas, sondern das mondäne Nachtleben, das sich ihm in den Metropolen Europas offenbarte. Kitchen versicherte, seine sechswöchige Auslandsreise nur mit dem Ziel unternommen zu haben, »die fröhliche Seite Europas« zu erkunden. Überall, ob in Lissabon, Paris, Wien, Rom, Istanbul oder Moskau, suchte er die Gesellschaft von Ortskundigen und ließ sich einladen, an den Vergnügungen teilzuhaben.

Berlin stand gleich an erster Stelle von Kitchens Nachtleben-Panorama; es beginnt mit einer Dinnerparty im damals gerade neu eröffneten Admiralspalast in der Friedrichstraße, der unter seinem Dach eine Konzerthalle, ein Theater, ein Restaurant, ein Café, eine Bar, einen Tanzsaal und ein türkisches Bad vereinte. Nicht zu vergessen die große Eislaufarena, auf der sich vor Kitchens Augen ein buntes Defilee von hundert Darstellern in Karnevalskostümen vollzog. Das Ganze setzte sich bis in die frühen Morgenstunden fort: Die Bar öffnete schließlich erst um vier Uhr! An einem anderen Abend war das Metropol am Nollendorfplatz mit einem Konzert an der Reihe, und von dort ging es um vier Uhr noch in ein Cabaret, das den Gesang eines »pretty American girl« auf dem Programm hatte. »Das Nachtleben Berlins endet zwischen fünf und sechs Uhr, und nicht vorher.« Konnte sich das Berliner Nachtleben im Vergleich der Weltstädte behaupten oder war es doch nur eine mehr oder weniger provinzielle Angelegenheit? Der deutsch-französische Dichter Yvan Goll war skeptisch; für ihn war Berlin im Jahr 1932 nur ein »Pseudo-Montparnasse«.

In der Zeit, in der die neue Kultur städtischen Nachtlebens ihren Höhepunkt erlebte, glaubten die italienischen Futuristen um Filippo Tommaso Marinetti im künstlichen Licht das Symbol für Fortschritt zu erkennen. Dem natürlichen Nachtlicht allerdings waren sie gar nicht wohlgesinnt: »Töten wir das Mondlicht« war ihr Schlachtruf. In ihrem Manifest schwärmten sie von der »viel-

»Ich liebte diese Gassen in fremden Städten, diesen schmutzigen Markt aller Leidenschaften, diese heimliche Anhäufung aller Verführungen für die Matrosen, die von einsamen Nächten auf fremden und gefährlichen Meeren hier für eine Nacht einkehren, ihre vielen und sinnlichen Träume in einer Stunde zu erfüllen ... Diese Straßen sind gleich in Hamburg und Colombo und Havanna, gleich da und dort wie auch die großen Avenuen des Luxus, denn das Oben und Unten des Lebens hat die gleiche Form. Letzte phantastische Reste einer sinnlich ungeregelten Welt, wo die Triebe noch brutal und ungezügelt sich entladen, ein finsterer Wald von Leidenschaften und Dickicht und voll triebhaften Getiers sind diese unbürgerlichen Straßen, erregend durch das, was sie verraten, und verlockend durch das, was sie verbergen. Man kann von ihnen träumen.«

Stefan Zweig, *Die Mondscheingasse*

farbigen, vielstimmigen Flut der Revolutionen in den modernen Hauptstädten« mit ihrer »nächtlichen, vibrierenden Glut der Arsenale und Werften, die von grellen elektrischen Monden erleuchtet werden«, und priesen die Dimensionen der Erfahrung, die sich nun erschlossen: »Wie können wir gleichgültig bleiben gegenüber dem fieberhaften Treiben unserer großen Städte, der aufregenden neuen Psychologie des Nachtlebens?« Zwanzig Jahre später sah der deutsche Kulturkritiker Siegfried Kracauer das freilich ganz anders, wie er 1926 für die *Frankfurter Zeitung* festhielt: *»In den Hauptquartieren des Nachtlebens ist die Illumination so grell, daß man sich die Ohren zuhalten muß. Die Lichter indessen sind zu ihrem eigenen Gefallen versammelt, statt den Menschen zu scheinen. Ihre Glühzeichen möchten die Nacht erhellen und vertreiben sie nur. Ihre Reklamen prägen sich ein, ohne sich entziffern zu lassen. Der rötliche Schimmer, der ihnen nachwallt, legt sich als Hülle über das Denken.«*

Neben Tanzpalästen, die das amüsierfreudige Publikum ansprachen, war die Entwicklung städtischen Nachtlebens auch mit der Emanzipation mancher Gruppen verbunden. Das ging jedoch nur in kleinen Schritten voran. Ein wichtiger Schauplatz der sogenannten »Harlem Renaissance«, einer künstlerischen Bewegung, die in den 1920er- und 1930er-Jahren eine ganze Generation elektrisierte, waren die vielen Jazzclubs im gleichnamigen Stadtteil New Yorks. Dort befand sich auch der legendäre, 1920 von dem schwarzen Boxer Jack Johnson gegründete Cotton Club, in dem Musik von Afroamerikanern gespielt wurde, in dem aber paradoxerweise, dem damaligen Gesetz folgend, nur weiße Besucher zugelassen waren. Der Club befand sich in einem kulturellen wie politischen Spannungsfeld: Einerseits wurde er mit dem Vorwurf konfrontiert, rassistische Klischees von »Dschungelmusik« fortzusetzen, andererseits war er aber auch für die breite Wahrnehmung schwarzer Musik enorm wichtig. Die Alkoholprohibition im Jahr 1919 bremste die Entwicklung des amerikanischen Nachtlebens erheblich, aber es kam keinesfalls zum Erliegen; es fand seine Fortsetzung in den »speakeasies«, den Mondschein- oder Flüsterkneipen, also illegalen Klubs, in denen sich die Bevölkerungsgruppen dann häufig auch mischten. Jede neue Tanz- bzw. Musikrichtung, ob Rock 'n' Roll, Twist oder Beat, brachte im weiteren Fortgang einen neuen Schub für die Weiterentwicklung des Nachtlebens.

So, wie früher die Nacht verfolgten religiösen Gruppen Schutz und Freiraum bot, waren nächtliche Treffpunkte seit dem 19. Jahrhundert Refugium für diejenigen, die vom Mainstream der Gesellschaft ausgegrenzt wurden. In vielen westlichen Großstädten bildeten sich nächtliche Enklaven, in denen sich Subkulturen entfalten konnten. Razzien der Polizei sorgten immer wieder für Einschüchterung, konnten die Entwicklung aber letztendlich nicht aufhalten. Im Berliner Nachtclub ›Eldorado‹ traf sich in den 1920er-Jahren das, wie man heute sagen würde, queere Publikum. 1932 wurde er geschlossen. Die Stonewall-Unruhen 1969 im Umfeld der gleichnamigen Bar im New Yorker Greenwich Village, bei denen sich Transvestiten, Transsexuelle, Lesben und Schwule in nächtlichen Auseinandersetzungen erfolgreich und nachrichtenwirksam gegen die Polizei behaupteten, leisteten einer selbstbewussten Identität Vorschub.

Parallel entwickelten sich in den Sechzigern die Discos, und zwar vorzugsweise in von außen nicht leicht einsehbaren Räumlichkeiten, oft unterirdisch, in Lagerhallen, ehemaligen Bunkern oder stillgelegten Theatern. Spätestens mit dem Filmmusical *Saturday Night Fever* (1977) hatte die Bewegung dann endgültig die Mitte der Gesellschaft erreicht. Andere, denen die Diskotheken mit ihren sich drehenden Glitzerkugeln und Stroboskopen viel zu konventionell daherkamen, setzten das Nachtleben auf ihre eigene Weise fort. Ebenfalls in das Jahr 1977 fiel schließlich die Eröffnung jenes Nachtclubs, der in kürzester Zeit zum Mythos wurde: das in einem ehemaligen Broadway-Theater beheimatete ›Studio 54‹, in dem einige Jahre lang Nacht für Nacht alles verkehrte, was Rang und Namen hatte (oder die Gnade des Türstehers erfuhr) – das war noch einige Jahre, bevor AIDS dem Vergnügen einen gewaltigen Dämpfer versetzte. Als die Inhaber des Clubs, Steve Rubell und Ian Schrager, der Steuerhinterziehung überführt wurden, mussten sie ins Gefängnis. Bevor Madonna zu Weltruhm gelangte, war sie im ›Danceteria‹, einem Club in einem Loft in Chelsea, ein häufiger Gast – nicht zufällig hatte sie dann auch eine der Hauptrollen in der Komödie *Desperately Seeking Susan,* dessen Discoszene in diesem Club spielte. Andere Musikrichtungen wie Acid House und Techno folgten. Schon lange angesagt ist das in einem ehemaligen Berliner Umspannwerk betriebene ›Berghain‹ – in dem während der von Freitagabend bis Dienstagmorgen währenden langen Wochenenden der Wechsel von Nacht zu Tag ganz aufgehoben ist. Wenn es verschiedene Themenräume innerhalb eines einzelnen Clubs gibt, wird auch von *superclubs* gesprochen.

Die Gründe, die Menschen ins Nachtleben ziehen, sind vermutlich unendlich. Sie wollen sich ausprobieren, suchen einen Ort, eine Gegenwelt, in der sie sich fallen lassen oder vergessen können, wo das Prinzip, ›normal‹ funktionieren zu müssen, aufgehoben ist. Sie wollen Leute kennenlernen, die sie auf andere Gedanken bringen, und dort können sie auch leicht testen, wie sie auf andere Menschen wirken.

Nachtleben findet heute überall statt. Nicht einmal die kleinste Insel, solange sich dort eine Handvoll Touristen zusammenfindet, ist vor improvisierten Diskjockeys und Lautsprechern sicher. Und selbst am Rande der Wüste sucht man den Anschluss an das Nachtleben der großen Metropolen. Aus Marrakesch berichtete Elias Canetti schon vor fünf Jahrzehnten:

»Sie war die Inhaberin einer kleinen französischen Bar, die ›Scheherazade‹ hieß, das einzige Lokal in der Medina, das während der ganzen Nacht offen war. Es war manchmal ganz leer, manchmal saßen drei oder vier Leute darin. Wenn es aber voll

war, am häufigsten zwischen zwei und drei Uhr nachts, hörte man jedes Wort, das die anderen Gäste sagten, und kam mit jedem ins Gespräch. Denn der Raum war winzig und sobald zwanzig Menschen drin saßen oder standen, sah es aus, als müßte das Ganze bald platzen. Gleich um die Ecke war der leere Platz, die Djema el Fna, keine zehn Schritte von der Bar entfernt. Einen größeren Gegensatz kann man sich nicht denken. Um den Platz herum lagen armselige Menschen in Lumpen am Boden und schliefen. Sie waren oft dem Gelände so angepaßt, daß man darauf achtgeben mußte, nicht an sie zu stoßen. Wer immer um diese Zeit am Platz auf Beinen stand und ging, war verdächtig, und es war besser, sich vor ihm in Acht zu nehmen.«

Eine besondere Form nächtlichen Erlebens hat sich in Stadtparks und zuweilen auch außerhalb der Städte etabliert. Es sind Treffpunkte, die nicht auf Stadtplänen und Landkarten verzeichnet sind, sich aber unter Insidern herumgesprochen haben. Der besondere Reiz der sexuellen Begegnungen, die dort stattfinden, besteht in der Anonymität und wohl auch dem Gefühl, in der Dunkelheit etwas zu tun, das früher einmal gesellschaftlich geächtet oder sogar verboten gewesen ist.

Nur einer Taxifahrerin, wie sie Victoria Thérame in ihrem Roman *Die Taxifahrerin* sprechen lässt, offenbart sich das ganze bunte Panorama der Nachtmenschen:

»Die Kunden, die ich liebe, das sind die Garderobefrauen, die Toilettenfrauen, die Kassiererinnen, die Platzanweiserinnen, die Barkeeper, die Bardamen, die Serviererinnen, die Köche, die Pizzabäcker, die Frittenverkäufer, die Crêpe-Verkäuferinnen, die Schlepper, die Portiers, die Rausschmeißer, die Pornokünstler, die Striptease-Künstler, die Revuekünstler mit den schwarzen Netzstrümpfen, den silbernen Schnüren und den Federboas,

die Transvestiten beiderlei Geschlechts, die Austernverkäufer der großen Brasserien, die immer draußen, neben dem Eingang in der Kälte stehen, die Oberkellner, die Hostessen, das ganze Volk, das nachts in den Cafés, den Restaurants, den Kinos und den Nachtklubs arbeitet. Ab und zu ein Mädchen in ländlicher Tracht mit seinem Korb, das in den Kabaretts Blumen verkauft …«

Nächtliche Verwandlungen

Nachtwanderungen in der Natur erfreuen sich zunehmender Beliebtheit. Nachtwanderer wollen erkunden, wie sich die Nacht von Jahreszeit zu Jahreszeit verändert, ihren Blick für kurze Sommernächte und lange Winternächte schulen. Erfahrene Wanderer machen sich schon während der Dämmerung auf den Weg, damit sich ihre Augen langsam an das abnehmende Licht gewöhnen können. Der Wanderer muss besonders aufmerksam sein, und das nicht nur bei ungünstigen Wetterverhältnissen. Natürlich wird er selbst auch von anderen Lebewesen bemerkt, die sich hinter den Büschen verbergen. Belohnt wird er damit, dass er im Laufe der Zeit immer bessere Sensorien entwickelt, andere nachtaktive Wesen wahrzunehmen.

Wenn es stockfinster ist, ändert sich die Wahrnehmung dramatisch, selbst sehr Vertrautes zeigt sich nun anders, eine Parallelwelt tut sich auf: Konturen verschwimmen oder verschwinden ganz, und aus Schatten können Geister werden. Ist dieses einsam stehende Etwas ein Mensch, der Bedrohliches im Schilde führt, oder doch nur ein Wacholderbusch? Ist, was sich dort bewegt und raschelt, ein Wildschwein? Kann es sein, dass diese riesige Eiche nicht aus dem Boden heraus, sondern in den Boden hineinwächst? Das Knarzen der Baumstämme wirft unheimliche Assoziationen auf. Man wird auf sich selbst zurückgeworfen wie wohl sonst kaum.

Doch was genau passiert da eigentlich? Folgt die menschliche Wahrnehmung einer weit zurückreichenden kulturellen Programmierung oder ist sie ganz subjektiv? Die Nacht gibt Entscheidungen Auftrieb, die tagsüber nicht so recht reifen wollten, man wird freier, schöpferischer, das Handeln wagemutiger.

»Bei Nacht sind Fehler verborgen, man verzeiht dann jeglichen Makel: Diese Stunde macht jede Frau schön«, schrieb der römische Dichter Ovid einmal und ließ damit vermutlich bei manchen die Hoffnung keimen, bei Nacht in einem freundlicheren Licht erscheinen zu können als tagsüber. Der mexikanische Essayist Carlos Monsiváis führte diesen Gedanken noch präziser aus. Er stellte das Groteske, den schlechten Geschmack, die körperlichen Unzulänglichkeiten, die sich im Tageslicht entblößen, dem versöhnlichen, beinahe freundlichen Erscheinungsbild bei Nacht entgegen: »die nächtliche Zeit zeigt sich besonnener, sie tilgt Mängel, glättet Unstimmigkeiten, überdeckt Gefahren (es bringt nichts, die ganze Zeit zuhause zu bleiben, so als sei man in einem Nonnenkloster oder einem Gefängnis), erlöst das, was von Gott hässlich gemacht wurde, oder durch den Mangel an sportlicher Betätigung, mildert die Extreme von Unter- und Überernährung und lässt die Lust zu Rumbarhythmen tanzen. All das, und das muss wohl kaum betont werden, nach einer bestimmten Stunde.«

Zeit, die man mit einem anderen Menschen in der Nacht verbracht hat, schafft enge Verbindungen. In der Nacht ändert sich zudem das Zeitgefühl. Während tagsüber ein Blick auf den Sonnenstand und die Schattenbildung – zumindest bei klarem Himmel – eine ungefähre Einschätzung der Zeit erlaubt, entgleitet nachts die Wahrnehmung der Zeit. Viele glauben, dass die Zeit nachts langsamer verstreicht. Madame de Sévigné, die für ihre mehr als tausend Briefe bekannte Edelfeder des französischen Hochadels im 17. Jahrhundert, war felsenfest davon überzeugt, dass »der Tag zwölf Stunden, und die Nacht mehr als fünfzig hat«. Ob ihr jemand widersprochen hat? Dass sich das Zeitgefühl stark verändern kann, wenn man lange Zeit in der Dunkelheit verbringt, wurde inzwischen durch mehrere Untersuchungen bestätigt. Teilnehmer eines Experiments des Human-Adaptation-Instituts haben ganze 40 Tage in einer Höhle im Südwesten Frankreichs verbracht, ohne Außenkontakte zu haben oder sich jemals durch den Blick auf eine Uhr der Tageszeit versichern zu können. Einer der Teilnehmer schätzte die in der Höhle verbrachte Zeit auf nur 24 Tage.

Ein kurzer Abstecher in die Welt nächtlicher Fantasien

Von der veränderten Wahrnehmung während der Nacht war es nicht mehr weit zu wunderlichen Erzählungen von seltsamen nächtlichen Ereignissen. In Island etwa gibt es die Geschichte eines Seehunds, der sich über Nacht verwandelte und dann als Mensch erwachte. Ein beliebtes Thema solcher Geschichten war die völlig unerwartete mitternächtliche Begegnung mit einem verschollenen Jugendfreund, der nach dem Treffen dann wieder auf mysteriöse Art verschwand. Oder das zufällige Zusammentreffen mit kürzlich Verstorbenen in der Nacht. Als Hintergrund solcher wundersamen Verwandlungen, die an Träume erinnern, wird gerne die »Wetternacht« gewählt – eine stürmische, meist durch Gewitter unruhige Nacht.

Zuweilen werden in den Geschichten die Fesseln der Zeit völlig abgelegt. In *Überfahrt der Seelen. Das grosse Buch der Volkssagen* ist die Geschichte über ein Mädchen nachzulesen, das abends in den Wald geht, um Beeren zu sammeln, und bei einem alten Mann um eine Schlafstatt bittet, weil es schon zu spät ist, um nach Hause zurückzukehren. Als sie am nächsten Tag an einem Felsen im Wald erwacht, geht sie in ihr Dorf zurück, um festzustellen, dass nun andere Menschen in ihrem Haus wohnen. In den Gedenk- und Kirchenbüchern der Gemeinde findet sich schließlich der Hinweis auf eine Frau ihres Namens, die hundert Jahre zuvor nicht vom Beerensammeln zurückgekehrt sei: »Es war also deutlich erwiesen, daß sie volle hundert Jahre im Felsen geschlafen hatte und die Zeit über nicht älter geworden war. Sie lebte nun ihre übrigen Jahre ruhig und sorgenlos aus und wurde von der ganzen Gemeinde anständig verpflegt zum Lohn für die Zauberei, die sie hatte erdulden müssen.«

Oder, aus dem erwähnten Buch, die Geschichte von dem Fährmann, der schon eingeschlafen war, dann aber eine Stimme vom anderen Ufer vernahm. Da es eine stürmische Nacht war und der Fluss Wellen hatte, zögerte er einige Zeit, fand aber keine Ruhe und überquerte ihn. Am anderen Ufer angekommen, konnte er dann aber niemanden finden. Enttäuscht fuhr er wieder zurück, wobei er den Eindruck hatte, das Boot sei nun viel schwerer geworden. Er machte das Boot an einem Baum fest und legte sich zur Ruhe. »Als er am nächsten Morgen zum Boote kam, machte er große Augen. Der Boden war mit Gold bedeckt. So hatten ihm die Seelen die Überfahrt gelohnt.«

Das Rätsel der Dunkelheit und des Mondes

Der Bremer Astronom Heinrich Wilhelm Matthias Olbers hat sich angesichts unzähliger Sterne im Weltraum gefragt, warum es nachts überhaupt dunkel wird. Eigentlich wollte es ihm nicht einleuchten: *»Sind wirklich im ganzen unendlichen Raum Sonnen vorhanden, sie mögen nun in ungefähr gleichen Abständen von einander, oder in Milchstraßen-Systeme vertheilt sein, so wird ihre Menge unendlich, und da müsste der ganze Himmel eben so hell sein, wie die Sonne.«* Das sogenannte Olbers'sche Paradoxon führte lange Zeit zu Rätselraten. Olbers selbst stellte die gewagte Hypothese auf, zwischen den Sternen befindliches Gas würde das Licht gewissermaßen verschlucken. Recht überzeugen vermochte er damit nicht.

Wahrscheinlich verhält es sich anders: Es ist nicht genug Materie vorhanden, um das Weltall zu erhellen. Zudem dehnt es sich seit dem Urknall kontinuierlich weiter aus, die Materie entfernt sich von uns und das Licht ferner Galaxien verliert auf dem Weg zu uns an Kraft. Gase und Staub im All tragen ihr Übriges dazu bei, dass es einfach nicht hell wird. Zwar bleibt der »Tag« des Astronomen die Nacht, doch im Planetarium lässt sich der Nachthimmel auch tagsüber immerhin simulieren.

Bevor es technische Geräte wie Fernrohre oder Teleskope gab, mit denen man weit entfernte Himmelskörper gut erkennen konnte, haben Beobachter des Mondes über den Grund der Muster aus helleren und dunkleren Regionen auf seiner Oberfläche gerätselt. Manche erkannten darin die Merkmale eines menschlichen Gesichts – in den größten dunklen Flecken, den *maria,* den dunklen Tiefebenen des Mondes, sah man Augen, Augenbrauen, Nase, Wange und Lippen, die sich mit ein wenig Fantasie zu einem Antlitz fügen. Manche sahen darin aber auch die Züge einer Frau, deren Haare über dem Kopf zusammengebunden sind. Verschiedene Betrachter projizierten unterschiedlichste Bilder darauf: ein breit grinsendes Gesicht, ein Kaninchen mit langen Ohren, bis hin zum sprichwörtlichen Mann im Mond.

Über den Einfluss des Mondes auf diverse Aspekte des menschlichen Lebens – zum Beispiel auf unsere Psyche, auf die Tiefe und Dauer unseres Schlafes, ob es mehr Geburten, Unfälle, Verbrechen oder Selbstmorde bei Vollmond gibt – ist viel spekuliert worden. Die amerikanischen Wissenschaftler Ivan Kelly, James Rotton und Roger Culver haben eine Vielzahl von Studien ausgewertet und konnten keinen Zusammenhang zwischen den Mondphasen und menschlichem Verhalten feststellen. Der Titel ihres Aufsatzes bringt es auf den Punkt: *The moon was full and nothing happened.* Und so naheliegend der Gedanke ist, dass die Anziehungskraft des Mondes unsere Körperflüssigkeiten auf ähnliche Weise in Bewegung zu setzen vermag wie das Wasser der Ozeane bei Ebbe und Flut, konnte der Nachweis dafür bisher nicht erbracht werden. Zweifelsfrei konnte aber der Einfluss des Mondes auf die Fortpflanzungsrhythmen einer Reihe von Meeresorganismen gezeigt werden, – Beispiele sind Seeigel, Muscheln und einige Wurmarten. Darüber hinaus ist die Fortpflanzung bei einigen Zuckmücken- und Fliegenarten mit der Mondperiodik verknüpft.

Die Beobachtung des Mondes konnte bis weit ins 20. Jahrhundert nur bei Nacht erfolgen. Anfangs nur mit bloßen Auge, seit 1608, als Hans Lippershey, ein deutsch-niederländischer Brillenmacher, ein aus zwei Linsen bestehendes Teleskop entwickelte, auch mit technischen Hilfsmitteln. Die frühen Mondzeichnungen des englischen Mathematikers Thomas Harriot oder Galileo Galileis, galten nicht zuletzt deshalb als revolutionär, weil sie den Himmelskörper von zahlreichen Kratern übersät zeigten. Das nun sichtbar Gewordene war so ungewohnt, dass einige Skeptiker meinten, es sei zum Teil durch das Gerät selbst erzeugt worden. Die folgenden Jahrhunderte mit stetig verbesserten Teleskopen machten immer mehr Details der Mondoberfläche sichtbar. Für diese Zeit in ihrer Detailgenauigkeit unübertroffen sind die Mondkarten, die Johann Heinrich von Mädler und Wilhelm Beer anfertigten, zuerst 1838 und dann in einer überarbeiteten Fassung 1869.

Die Möglichkeiten der Fotografie warfen bei der Erforschung der Mondoberfläche ganz neue Fragen auf. Etwa die, warum der Vollmond eigentlich hell aussieht, obwohl die Oberfläche des Mondes aus grau-schwarzem Gestein besteht, wie man nach den ersten Mondlandungen herausfand. Wenn man auf der Erde ein Stück Kohle betrachtet, glänzt es ja nicht weiß, sondern pechschwarz. Hat das in der Streureflexion der verschiedenen Wellenlängen des Sonnenlichts seine Ursache, wie man anfänglich vermutete?

Adhémar Gelb, seinerzeit Direktor des Frankfurter Psychologischen Instituts, hängte 1929 in einem verdunkelten Raum eine schwarze Pappscheibe auf und erhellte sie dann mit einem Lichtstrahl. Sie sah plötzlich weiß aus. Dass sie schwarz war, wurde nur deutlich, wenn eine Oberfläche mit stärkerer Strahlkraft – etwa ein Blatt weißen Papiers – in den Lichtstrahl gebracht und hinter der schwarzen Scheibe positioniert wurde. Nahm man das weiße Papier weg, wirkte die schwarze Oberfläche wieder weiß. Das belegte, dass sich die menschliche Wahrnehmung nicht vom Wissen über die tatsächliche Farbe der Scheibe beeinflussen lässt. Wenn man den Mond betrachtet, vergleicht man ihn gleichzeitig mit der Schwärze des Weltalls; dadurch erfährt er eine künstliche Aufhellung, so dass man den eigentlich grau-schwarzen Mond als weiß wahrnimmt.

Auch wenn griechische Philosophen schon die Theorie entwickelt hatten, dass der Mond das Licht der Sonne reflektiert, bestand noch lange Unklarheit darüber, ob er nicht auch sein eigenes Licht

Mondesaufgang

»An des Balkones Gitter lehnte ich
Und wartete, du mildes Licht, auf dich.
Hoch über mir, gleich trübem Eiskristalle,
Zerschmolzen schwamm des Firmamentes Halle;
Der See verschimmerte mit leisem Dehnen,
Zerflossene Perlen oder Wolkentränen? –
Es rieselte, es dämmerte um mich,
Ich wartete, du mildes Licht, auf dich.«

Annette von Droste-Hülshoff

abstrahlt. Leonardo da Vinci formulierte dann die These, der Mond würde »Glanz« von den Gewässern der Erde verliehen bekommen, wenn sie das Sonnenlicht auf ihn zurückwerfen. Die Rückstrahlung der Erde ist tatsächlich so stark, dass man sie als indirekte Reflexion auf den von der Sonne nicht beleuchteten Flächen des Mondes wahrnehmen kann – einige Tage vor und nach Neumond, wenn nur die sichelförmige Fläche von der Sonne bestrahlt wird, ist die übrige Mondscheibe ebenfalls deutlich sichtbar. Dieses schwache aschgraue Licht erfüllt die ganze Hemisphäre des Mondes und wird in dem Maße stärker, wie die Sichel schmaler wird. Alexander von Humboldt beschrieb dieses Verhältnis in seinem Großwerk *Kosmos. Entwurf einer physischen Weltbeschreibung:* »Je weniger der Mond für die Erde erleuchtet erscheint, desto mehr ist erleuchtend die Erde für den Mond.« Er bezeichnete das Phänomen als den »Widerschein eines Widerscheins«. Der sogenannte Erdschein hat also drei Wege zurückgelegt: von der Sonne zur Erde, von der Erde zum Mond und von dort noch einmal zurück zu den Augen des Beobachters auf der Erde. Der französische Astronom Camille Flammarion beschäftigte sich in der zweiten Hälfte des 19. Jahrhunderts mit diesem Phänomen und verknüpfte es mit einer für seine Zeit erstaunlichen Entdeckung: »Das aschgraue Licht, der Reflex eines Widerscheins, gleicht einem Spiegel, in welchem man die leuchtende Erde sähe. Im Winter, wenn der größte Teil einer Erdhemisphäre von Schnee bedeckt ist, ist es merklich heller. Vor der geografischen Entdeckung Australiens hatten die Astronomen das Vorhandensein dieses Erdteils aus dem aschgrauen Licht erraten, das viel zu hell war, als dass es der Reflex des düstern Ozeans hätte sein können.«

Mitternachtszauber

»Wer daran denkt, vor zwölf Uhr ins Bett zu gehen, ist ein Unhold.«
Samuel Johnson

Besonders die erste Stunde nach Mitternacht, gleichsam der Höhepunkt der Nacht oder der Wendepunkt zwischen zwei Tagen, galt früher oft als schwarze Stunde, als Stunde der Geister. In Salzburg zum Beispiel erzählte man sich, dass die Zwerge zu dieser Zeit in der Domkirche einen Gottesdienst feiern. Die Stunde nach Mitternacht war die Stunde der Wunder und der Schrecken, und als dramatischer Höhepunkt galten mitternächtliche Ereignisse in besonderen Nächten wie der Weihnachtsnacht, der Silvesternacht oder gar der Walpurgisnacht. Ebenso in der Nacht von Gründonnerstag auf Karfreitag, während der in vielen Kirchen Nachtwachen stattfinden.

Um Mitternacht, so der Volksglauben, zeigt sich der Teufel. Er kann in verschiedener Gestalt auftreten, als schwarzer Ziegenbock, aber zum Beispiel auch als Pferd oder Bär. Auch die Hexen begeben sich zu ihren nächtlichen Zusammenkünften. »Geradezu verpflichtet zu mitternächtlichem Umgehen sind die ruhelosen Toten, die Mörder, Verbrecher und bösen Menschen einerseits, die Ermordeten und schuldlos ums Leben gekommenen andrerseits, meist auf dem Schauplatz der Untat oder auf dem Richtplatz, wobei die Hingerichteten gewöhnlich ohne Kopf erscheinen«, heißt es zart ironisch im *Handwörterbuch des Deutschen Aberglaubens*. Wenn Kinder um Mitternacht geboren wurden, galt dies als unheilvoll. Im 92. Band Krünitz' gigantischer *Oekonomischen Enzyklopädie* (1803) liest man zum »Mitternachtskind«: »Einem solchen ist, nach den Meinungen der Sterndeuter, die Gabe verliehen, Geheimnisse und zukünftige Dinge zu erforschen, Schätze zu finden, und unvermuthet zu großen Gütern zu gelangen; auch soll es im Alter große Ehre und nach dem Tode Nachruhm erlangen, und was dergleichen albernen Geschwätzes mehr ist.« Die Gegenwart von Geistern erklärte auch die besondere Gefährdung der Menschen um Mitternacht, besonders der Frauen während der Schwangerschaft und nach der Entbindung, ebenso der kleinen Kinder. Um Friedhöfe und Kreuzwege, so wurde geraten, mache man am besten einen großen Bogen, weil dort allerlei böser Zauber wirke.

Doch auch Gegenzauber hatte der Volksglaube aufzuweisen – die Menschen waren dem Mitternachtsspuk nicht schutzlos ausgeliefert: Zwischen 23 und 24 Uhr gepflückte Johanniskräuter zum Beispiel wurden zur Abwehr von Blitz und Hexerei vor Türen und Fenster gehängt. Die Mitternacht galt auch als günstige Zeit für die Vertreibung von Ungeziefer. Bei all den Gefahren, die diese Zeit angeblich mit sich brachte, galt, wie man im *Handwörterbuch* nachlesen kann, die Mitternachtsstunde in verschiedenen Regionen Mitteleuropas als die, »in der die Schätze blühen«, in der sich der Eingang zu unterirdischen Schätzen öffnet beziehungsweise ein Feuer oder ein Häuflein glühender Kohlen die Fundstelle anzeigt, und zwar zuweilen genau eine halbe Minute vor Mitternacht. Als besonders günstig für die Schatzsuche galten Weihnachts- und Neujahrsnacht. Allerdings hieß es, schon ein unbedachtes Wort könne den Schatz in der Versenkung verschwinden lassen, und um ein Uhr sei dann die Chance, etwas zu finden, sowieso vorbei. Die unterirdischen Schätze offenbarten sich zudem nur in großen zeitlichen Abständen: bisweilen nur alle sieben Jahre. Und wenn die Schatzberge tatsächlich einmal aufgespürt und zugänglich seien, sei die Bergung ebenfalls nur zur Mitternacht an ganz bestimmten Tagen möglich. Was vielleicht erklärt, warum der richtige Moment oft verpasst wurde.

Im Erzgebirge und in Sachsen glaubte man, dass zur Mitternachtsstunde an bestimmten Tagen geschöpftes Wasser eine große Heilkraft entfalte. Gegen Bettnässen empfahl man in Mecklenburg den etwas verstörenden Brauch, bei Mitternacht in ein frisch ausgehobenes Grab zu urinieren, allerdings nur am Kopfende. Bei Vollmond, so war man mancherorts überzeugt, potenzierten sich die der Mitternachtszeit innewohnenden Energien noch einmal. In Serbien besprach man mitternachts Krankheiten und in Bosnien meinte man, dann Epileptiker heilen zu können. Und es gab noch viele andere, atavistisch anmutende Mitternachtsrituale, über eines berichtet etwa Josef Haltrich in seiner *Volkskunde über die Siebenbürger Sachsen*:

> *»Die Talmescher [Bewohner einer rumänischen Kleinstadt] treiben alle Jahre einmal um die mitternächtige Stunde mit lautem Geschrei und Peitschenknall die Schweineherde zum Dorfe hinaus auf einem bestimmten Platz. Dort wird die Herde von den nackten Hirten (früher von nackten alten Weibern) dreimal im Kreise umsprungen und dann bis zum grauenden Morgen draußen behalten. Hierdurch glaubt man von den Schweinen und auch den Teilnehmern selbst alle Fährlichkeiten für das betreffende Jahr abzuwenden.«*

Zudem galt die Mitternachtszeit als besonders geeignet für Voraussagen. Nichts Gutes verheiße es, so wurde vielerorts vermutet, wenn ein Mensch auf dem Weg zur heiligen Messe in der Nacht vom 24. zum 25. Dezember ausrutsche oder stürze – das sei ein Vorzeichen auf seinen baldigen Tod. Ebenso ermögliche der Blick durch ein dreieckiges Fenster genau zu dieser Stunde die Erkenntnis, wer in diesem Jahr von einem Unglück betroffen werde. Hahnenkrähen um Mitternacht deutete man in Schlesien als Vorzeichen von Regen.

Und um herauszufinden, welche Monate des kommenden Jahres viel Regen bekommen werden, stellte man in der Weihnachts- oder Silvesternacht zwölf mit Salz gefüllte und bestimmten Monaten zugeordnete Nussschalen auf – um Mitternacht, so war man überzeugt, zeige dann der Flüssigkeitsstand in den Schalen an, welche Monate regenreich seien. Der Fund eines vierblättrigen Klees um Mitternacht versprach eine beträchtliche Erbschaft; in Frankreich galt das als Zeichen für eine bevorstehende Heirat. Ob sich Menschen gezielt auf die Suche nach solchen Kleeblättern begeben haben oder ob sie zufällig darauf stießen, ist nicht überliefert. Eine besondere Kraft wurde zuweilen dem Liebeszauber um Mitternacht zugerechnet. Man kann den Menschen, die daran glaubten, nur wünschen, dass er seine Wirkung nicht verfehlte.

Nicht immer ist die Mitternacht Stunde der Magie. Marcel Proust beschreibt in *Auf der Suche nach der verlorenen Zeit* das Schicksal der armen Seele, der das rechte Zeitgefühl abhandengekommen ist und die auf nichts mehr hofft als auf das Kommen des Tages:

>*Gleich Mitternacht. Dies ist der Augenblick, da der Kranke, der zu einer Reise gezwungen gewesen ist, in einem unbekannten Hotel hat einkehren müssen und von einem Anfall aufgeweckt wird, sich freut, wenn er einen Streifen Tageslicht unter der Tür entdeckt. Welch Glück, es ist ja schon Morgen! Gleich werden die Dienstboten aufgestanden sein, er wird läuten können, man wird kommen, ihm zu helfen. Die Hoffnung auf Erleichterung gibt ihm die Kraft zu leiden. Eben schon hat er geglaubt, Schritte zu hören; die Schritte nähern sich, entfernen sich dann. Und der Streifen Tageslicht, der unter seiner Tür lag, ist verschwunden. Es ist Mitternacht: man hat gerade das letzte Gaslicht gelöscht; der letzte Dienstbote ist gegangen, und er wird die ganze Nacht leiden müssen ohne Beistand.*«

Die schwedische Autorin Selma Lagerlöf erzählt in ihrer *Weihnachtsgeschichte* von einem Abt namens Anselm, der seine Mönche für die Mitternachtsmesse nicht etwa in die Klosterkirche, sondern in den Klostergarten führte. »Der Abt schwang den Weihwasserwedel über die kahlen Bäume und die gefrorene Mark. Er wollte, dass die Natur teilhaben sollte an der großen Freude, welche die Weihnachtsnacht allen Wesen der Welt gebracht hat.« Und dann geschah etwas geradezu Unglaubliches: »Ein Südwind brauste heran und fegte Kälte und Schnee hinweg. Aus der Erde sprossen grünes Gras und schöngefärbte Blumen. Die Knospen warfen ihre schützenden Hüllen ab und die flaumigen Frühlingsblätter drängten sich hervor.« Und es verging nicht mehr viel Zeit, bis sich auch die Tierwelt dort einfand: »Eichelhäher kamen auf ihren schönen Schwingen und ahmten den Gesang aller Vögel des Sommers nach, während sie sich auf den Zweigen niederließen. Die rote Brust der Dompfaffen glänzte unter dem lichten Laubwerk, die kleinen Zaunkönige kamen staunend mit ihren goldenen Büscheln auf dem Kopf, und alle Spatzen der Bauernhöfe verließen ihre Weihnachtsgarben und kamen und drängten sich in den Büschen mit Seidenschwänzchen und Elstern. Und sogar die Eichhörnchen schwangen sich knurrend vor Wohlbehagen über die Mauer, und die Rehe kamen bis an die Gitterpforte des Gartens und blickten mit ihren schönen Augen herein.«

Folgte man den Empfehlungen Christoph Wilhelm Hufelands in seinem Buch *Die Kunst das menschliche Leben zu verlängern* (1796, später unter dem Titel *Makrobiotik* nachgedruckt), hatte man sich allerdings um Mitternacht schon lange dem Reich der Träume anvertraut, denn nach Hufeland sollte man nicht unter sechs und nicht mehr als acht Stunden schlafen und »mindestens zwei Stunden vor Mitternacht zu Bett gehen«. Hufeland hatte den Schlaf komplett durchmedikalisiert. Seine Begründung war, dass sich die Sonne dann »im Zenith unter uns« befände, und wer »dieser Stimme der Natur, die in diesem Zeitpunkt zur Ruhe ruft, nicht gehorcht«, der verhindere das »Abendfieber« und damit »das Mittel zur Absonderung und Reinigung unserer Säfte«. Hufeland nahm auch das Motto »Early to bed, and early rise / Makes a man healthy, wealthy and wise« in sein Buch auf, das sich auf Benjamin Franklin zurückverfolgen lässt – so wurde es in Deutschland bekannt.

Nächtliche Verbrechen

»Du dringst während der Nacht in ein Zimmer ein, wo du nach vorheriger genauer Rekognoszierung gute Beute vermutest. Du dringst ein, d. h. du packst mit einer Kneifzange die am Schlüsselloch herausragende Spitze des von innen steckenden Schlüssels und öffnest auf diese Weise geräuschlos die verschlossene Tür, die du dann sofort hinter dir zuziehst. Sollte der Bewohner des Zimmers wach geworden sein, verhältst du dich so lange untätig, bis dir die regelmäßigen Atemzüge vom Bett her anzeigen, dass dein Opfer wieder eingeschlafen ist. Dank deines schwarzen Pyjamas verschwindest du vollständig in der Dunkelheit. Dann schnell zugegriffen und, nachdem du die Tür in der gleichen Weise wieder verschlossen hast, zurück in dein Zimmer.«

Hermann Harry Schmitz' Ich-Erzähler in *Im Riviera Splendid Palace oder Mein Debüt als Hoteldieb* will diesen »schwarzen Pyjamatrick« anwenden, als er den Plan fasst, einen englischen Juwelenhändler namens Botteram auszurauben. Dieser, ein früherer Offizier, trägt nach einem Gefecht in Indien ein künstliches Bein und meidet den Kontakt zu den anderen Hotelbewohnern. Der Erzähler vermutet nämlich, dass Botteram in seinem länglichen gelben Lederkoffer, den er hütet wie seinen Augapfel, haufenweise Juwelen mit sich führt. Nach diversen vergeblichen Anläufen – mal scheuchen ihn Geräusche in sein Zimmer, mal hat er die Kneifzange vergessen – gelingt es ihm schließlich, des Koffers habhaft zu werden. Nachdem er das Hotel noch in derselben Nacht verlassen hat, muss er dann allerdings ernüchtert feststellen, dass der gelbe Koffer nicht etwa prächtige Juwelen birgt, sondern lediglich das Ersatzbein des Händlers – die Pretiose als Prothese sozusagen. Der Einbrecher lässt sich daraus einen Spazierstock fertigen.

Dass Schmitz den Einbruch auf die Nacht verlegt, scheint einleuchtend, aber werden nachts tatsächlich mehr Verbrechen verübt als am Tag? Mancher mag diese Frage vielleicht nach Bauchgefühl bejahen, und Redensarten wie die, dass nach Mitternacht nichts Gutes geschehe, lassen darauf schließen, aber ganz so einfach ist es nicht. Denn auch Faktoren wie Art des Vergehens, Lage und Belebtheit des Ortes, Wochentag, Jahreszeit und wirtschaftliche Verfassung spielen dabei eine Rolle. In Häuser wird meistens tagsüber eingebrochen, wenn ihre Bewohner gerade woanders sind, Autodiebstähle gibt es dagegen eher in der Nacht. Schwere körperliche Angriffe sind abends und nachts am häufigsten. Nur am Wochenende verlagern sich die meisten Arten von Verbrechen von der Tendenz her in die Nacht. Dass Mondphasen mit nächtlichen Raubzügen korrelieren – dass etwa Neumond günstiger ist, weil man bei weniger Mondschein leichter unerkannt entkommen kann –, konnte bisher statistisch nicht belegt werden.

Es ist ebenfalls ein Trugschluss, anzunehmen, dass Licht automatisch mehr Sicherheit bringt. In bestimmten Fällen kann eine gute nächtliche Ausleuchtung – besonders, wenn ansonsten kein Überwachungsmechanismus installiert ist – Kriminellen geradezu sowohl den Weg zum Tatort als auch den Fluchtweg weisen und es ihnen einfacher machen, anstatt sie abzuschrecken. Es kommt immer darauf an, welches und wie viel Licht an welchem Ort eingesetzt wird. Letztlich könnte die Vorstellung, dass man da, wo es Licht gibt, man auch sicherer sei, mit einer menschlichen Urangst vor der Dunkelheit zusammenhängen.

Einige nächtliche Raubzüge sind allerdings zu Legenden geworden. Eine Alarmanlage war im Gothaer Schloß Friedenstein zwar schon installiert, aber noch nicht in Betrieb, als in der Nacht zum 14. Dezember 1979 fünf berühmte Gemälde, unter anderem das *Brustbild eines unbekannten Herrn mit Hut und Handschuhen* von Frans Hals und die *Heilige Katharina* von Hans Holbein dem Älteren, entwendet wurden. Ein im Raum installierter Klimaschreiber erlaubte es, den Zeitpunkt der Tat auf etwa zwei Uhr nachts festzulegen. Zu den der Tat Verdächtigten zählten unter anderem einige in der Stadt ansässige Hochseilartisten. Eine weitere Theorie, vielleicht nicht mehr als ein Gerücht, war, dass die Bilder in einem Laster zwischen Schweine- und Rinderhälften in den Westen geschafft wurden. Auf jeden Fall war die Überraschung groß, als die Gemälde nahezu vier Jahrzehnte später wieder auftauchten. Als mutmaßlicher Täter gilt inzwischen ein Techniker der Deutschen Reichsbahn, der gegen Ende der Achtzigerjahre in den Westen abgeschoben wurde und vor einigen Jahren verstarb. Er soll die Gemälde in einem speziell präparierten Trabant verstaut haben und sie dann womöglich an einen Händler weiterverkauft haben.

»Sieh, des Verbrechers Freund, der holde Abend, naht
Mit leisem Raubtierschritt, der Helfer bei der Tat;
Der Himmel schließt nun sacht des schweren Vorhangs Falten,
Zu Tieren wandeln sich die menschlichen Gestalten.«

Die Art des Einbruchs, die Charles Baudelaire hier im Gedicht *Abenddämmerung* (aus *Die Blumen des Bösen)* poetisch in Worte kleidet, gehört im Grunde der Vergangenheit an. Die Zeit des Neumonds abwarten, den Wachhund mit Chloroform betäuben, einer schiebt Wache, während der andere ins Haus eindringt – das gibt es heutzutage zwar noch, aber nicht häufig. Heutige Kriminelle sind weniger auf die Dunkelheit angewiesen als früher. Immer wieder gibt es Fälle, bei denen sie ihre Tat am Tage verüben und den Tatort gemäßigten Schrittes verlassen, so als wäre nichts gewesen.

Wie steht es um die Vorkehrungen, die nächtliche Einbrecher fernhalten sollen? Eine Zeitschaltuhr, die ab und zu das Raumlicht an- oder ausschaltet oder Rollläden steuert und die Anwesenheit von Bewohnern vortäuscht, ist nur von begrenzt abschreckender Wirkung, erfahrene Diebe kennen den Trick längst – schon Samuel Pepys ließ seinerzeit eine Kerze im Esszimmer anzünden, um Diebe zu verscheuchen. Das dürfte ähnlich auch für Gerätschaften gelten, die das Flackern eines Fernsehschirms simulieren und so suggerieren, jemand sei zu Hause.

Ein Blick in die Vergangenheit: Im 17. und 18. Jahrhundert gab es eine Art von Vergehen, das tatsächlich nur während der Nacht verübt wurde: Weil Obduktionen zwar offiziell verboten, das anatomische Interesse bei Ärzten und Studenten aber groß war, wurden nachts auf Friedhöfen bisweilen frische Gräber geöffnet und die Leichname geraubt. Laut dem im späten 18. Jahrhundert tätigen Pariser Arzt Jacques René Tenon *»bewegen sich Anatomen und Handlanger nachts auf die Friedhöfe, während die Hunde auf sie losgelassen werden, um zu verhindern, dass sie sie betreten können, dabei tauchen oft Bewaffnete auf, die sie vorantreiben. Das Volk versammelt sich, es ist ein beträchtlicher Skandal. Man schlägt sich, wird verletzt ... Wir lernen Anatomie mit vorgehaltener Waffe.«* Ein spektakulärer Fall in diesem Zusammenhang ist der des englischen Schriftstellers Laurence Sterne, der 1768 starb und auf einem Londoner Friedhof begraben wurde. Offenbar wurde der Leichnam des Dichters ausgegraben und an die Anatomen der Universität Cambridge verkauft: Ein Freund erkannte angeblich den schon auf dem Seziertisch liegenden Dichter. Sterne wurde daraufhin in einem zweiten Anlauf auf diskrete Weise bestattet, der Grabstein freilich ging im Lauf der Zeit verloren. Als man auf dem Friedhof im 20. Jahrhundert die Gebeine des inzwischen kanonisch gewordenen Autors suchte, glaubte man nach einiger Zeit anhand eines untrüglichen Zeichens den richtigen Schädel gefunden zu haben: Man fand ein Skelett, dessen Schädeldecke Sägespuren aufwies wie von einer teilausgeführten Sektion. Dann tauchte noch ein Schädel auf, dann noch einer. Erst ein Vergleich der Schädelformen mit einer Büste des Dichters ließ darauf schließen, dass unter den zahlreichen angesägten Schädeln auch wirklich der gesuchte war.

Ein anders gelagerter, ebenfalls hochskurriler Fall ist glücklicherweise gut dokumentiert, die sogenannte ›Jenaer Christnachttragödie‹. In Halle ging im Jahr 1715 das Gerücht, in einem Weinberghaus, das nicht weit vom Jenaer Galgen lag, hätte man oft eine weiße Jungfrau gesehen. Daraus folgerte ein Student namens Johann Gottfried Weber, dass dort ein Schatz liegen müsse. In der Christnacht begab er sich mit einem Schafsknecht und einem Bauern dorthin, um den Schatz mithilfe des Teufels und anderer Geister zu heben. Unter seinen zauberischen Hilfsmitteln befand sich die Schrift *Doktor Fausts Höllenzwang*, eine metallene Wünschelrute, ein Degen, ein Rosenkranz sowie ein Becken mit glühenden Kohlen. Die Worte ›Tetragrammaton‹, ›Adonia Agla‹ und ›Jehova‹ spielten eine wichtige Rolle bei der Beschwörung. Die Schatzsucher riefen den Fürsten Och aus dem »Reich der Sonnen« mit der Bitte an, ihnen den Geist Nathanael zu senden, damit er ihnen helfe. Am nächsten Tag wurden die drei Männer vermisst und ein Suchtrupp fand den Studenten betäubt und die anderen beiden sogar tot vor. Zwei der drei Wächter, die auf die Verstorbenen aufpassten, starben in der darauffolgenden Nacht, sie wiesen blaue Flecken und Striemen auf. Der Student musste daraufhin das Land verlassen, der Weinbergsbesitzer ein Jahrzehnt woanders arbeiten.

Auch für den Transport verbotener Bücher war die Nachtzeit auf jeden Fall geeigneter als der Tag: Rétif de la Bretonne wunderte sich bei einem seiner unzähligen Streifzüge durch Paris einmal über die Gärtnergehilfen, die so spät in den Gemüsegärten nahe der Champs-Élysées herumschlichen. Rétif konnte bald unauffällig beobachten, wie sie eifrig damit beschäftigt waren, aus Versailles angelieferte verbotene Bücher in einem Haus zu deponieren. »Ich sagte niemandem etwas davon, denn es ging mich nichts an«, bemerkte er lakonisch.

Zu manchen Zeiten galten für die Nacht sogar offiziell eigene Gesetze. Bis ins späte Mittelalter waren vielerorts nachts geschlossene Verträge verboten, ungültig oder bedurften noch einer genaueren Klärung. Alleine das Herumlaufen ohne Lampe war bisweilen strafbar – wer keine Lampe dabeihatte, war automatisch krimineller Handlungen verdächtig. Für während der Nacht begangene Verbrechen wurden härtere Strafen verhängt, weil die Dunkelheit als erschwerender Umstand galt. Einbrüche und Überfälle sah man als besonders heimtückisch an, da Opfer in ihrer Verteidigungsmöglichkeit eingeschränkt waren und kaum darauf zählen konnten, dass ihnen jemand zu Hilfe eilte. Roger Ekirch, der den Entwicklungen in der Gesetzgebung des Spätmittelalters und der frühen Neuzeit nachgespürt hat, konnte in mehreren europäischen Ländern Hinweise finden: »In schwedischen Städten wurde für Verbrechen, die nach dem Läuten der Sperrstundenglocke begangen wurden, die Todesstrafe verhängt, und auch an den Gerichten der französischen sénéchaussées (Verwaltungseinheiten) des 18. Jahrhunderts war Dunkelheit bei einem Diebstahl das häufigste strafverschärfende Element.« In England wurden zur Nachtzeit begangene Eigentumsdelikte mit besonders drakonischen Strafen belegt – in der Grafschaft Middlesex etwa wurden »vier Fünftel aller verurteilten Nachteinbrecher gehängt«. Auch für den deutschsprachigen Raum gibt es entsprechende Hinweise, wobei die Vorfälle je nach Herrschaftsraum unterschiedlich gehandhabt wurden und die Art der Strafe oft nicht normiert war. »Obstfrevel«, wenn er »bei nacht oder fallendem nebel«, also heimlich geschah, wurde im 17. Jahrhundert im württembergischen Nesselbach der Herrschaft zur Anzeige gebracht und konnte mit einer Geldbuße von einem Gulden bestraft werden – damit zählte er zu den schweren Verbrechen und nicht mehr zu den kleinen Diebstählen. In Herrlingen bei Ulm wurde der nächtliche Diebstahl von Bier und Obst oder das Fällen von Baumstämmen mit einer doppelt so hohen Geldstrafe belegt, als wenn er tagsüber erfolgte. Konnte der Nachtdieb das Geld nicht aufbringen, lief er zuweilen Gefahr, an den Pranger gestellt zu werden.

Unbemerkte nächtliche Feuerausbrüche legten im Lauf der Jahrhunderte zahlreiche Städte in Schutt und Asche. Manchmal spielte auch Brandstiftung eine Rolle. Da Häuser in alten Städten oft sehr dicht nebeneinanderstanden und aus Holz gebaut waren, griffen die Flammen schnell auf andere Gebäude über. Der Brand, der in Rom zur Zeit Kaiser Neros ausbrach und zwei Drittel der Stadt vernichtete, wurde in den frühen Morgenstunden des 18. Juli 64 gelegt – er begann im Umfeld des Zirkus Maximus, wo leicht brennbares Material lagerte. Tacitus beschrieb den Vorgang wie folgt: *»Mit Ungestüm durchraste der Feuerbrand zunächst die ebenen Stadtteile, stieg dann auf die Anhöhen hinauf und kam den Abhilfemaßnahmen durch die Schnelligkeit zuvor, mit der das Unheil fortschritt: Gefährdet war die Stadt zudem durch die engen Straßen und die sich hin- und herwindenden Gassen mit den unregelmäßigen Häuserreihen. Wie eben das alte Rom war.«* Dass Nero selbst der Brandstifter war, um die Stadt prächtiger wieder aufbauen zu können, ist nicht mehr als ein Gerücht. Er machte die Christen zu Sündenböcken für die Katastrophe.

Totalitären Herrschern dient die Nacht oft als besonders dramatische Szenerie – Beispiele dafür sind Bücherverbrennungen, nächtliche Umzüge oder Verbrechen wie das Novemberpogrom von 1938, die sogenannte »Reichskristallnacht«. Auch der Ku-Klux-Klan unternahm seine Gräueltaten und Aufmärsche vornehmlich während der Abendstunden. Das Symbol der Rassisten, das brennende Kreuz, sollte bei Nacht eine stärker einschüchternde Wirkung entfalten.

Sklavenaufstände, die wegen des Aufbegehrens gegen die Obrigkeit als kriminell galten (obwohl sie aus heutiger Sicht ein klarer Akt der Befreiung waren), erfolgten wegen des Überraschungseffekts ebenfalls häufig in der Nacht. Die Anfänge der Revolution in der französischen Kolonie Saint-Domingue, dem heutigen Haiti, werden mit dem Aufstand in der Nacht vom 22. zum 23. August 1791 in Verbindung gebracht, der von einer auf einer Zuckerrohrplantage zwangsweise Beschäftigten ausging. Meist waren solchen Freiheitskämpfen, die auch für Jamaika und die amerikanischen Südstaaten dokumentiert sind, nächtliche Treffen vorausgegangen, bei denen der Plan dafür geschmiedet wurde.

Oft ist die Nacht auch die bevorzugte Zeit für militärische Interventionen und Putschversuche. Während des Zweiten Weltkriegs wurden viele nächtliche Luftangriffe geflogen. ›Nachthexen‹ wurden die Pilotinnen des 588. Bomberregiments der sowjetischen Luftstreitkräfte im Zweiten Weltkrieg genannt. Im Laufe von vier Jahren flogen die jungen Frauen im Alter von 17 bis 26 dreißigtausend Einsätze und bekämpften die deutsche Armee mit 23 000 Tonnen Bomben. Jede Nacht begaben sich vierzig Flugzeuge, jeweils mit Pilotinnen besetzt, auf den Weg.

Um der Bedrohung durch nächtliche Flugzeugangriffe zu begegnen, verdunkelte man die Städte – so wollte man die Orientierung der Flieger erschweren, die noch über kein Radarsystem verfügten und auf Lichtquellen angewiesen waren. Autoverkehr blieb erlaubt, Restaurants und Geschäfte waren weiterhin geöffnet, aber eben weitgehend ohne Beleuchtung. Der Aufruf »Lights out« wurde von der Bevölkerung oft missachtet, was etliche Strafverfahren nach sich zog – allein 1940 wurden in Großbritannien dreihunderttausend Menschen deshalb verurteilt. Um das Leben unter diesen Bedingungen soweit als möglich wie gewohnt fortzuführen, versah man die Wohnungen mit schwarzen oder lichtundurchlässigen Jalousien und Vorhängen, damit man innen das Licht einschalten konnte. In Istanbul, wo man ebenfalls mit nächtlichen Fliegerangriffen rechnete, tünchte man Bäume, Fußgängerwege und Strommasten weiß, damit sich Passanten in der Dunkelheit besser orientieren konnten.

Nachtgestalten

Wenn man früher nachts unterwegs war, verhielt man sich anders als tagsüber. So versicherte man sich der Gegenwart anderer nicht immer durch einen freundlichen Gruß – oft genügte ein beherzter Schritt oder ein absichtliches Hüsteln, um Überraschungen im Dunkeln zu vermeiden und zugleich Schrecken und Argwohn zu zerstreuen. Wenn es überhaupt zu einem Wortwechsel kam, beschränkte er sich auf das Allernotwendigste. Auch das Reisen war erschwert: Unebenheiten und Löcher waren in den unbeleuchteten Straßen kaum zu sehen, Räuber agierten im Schutz der Dunkelheit. Das Pferd konnte ausrutschen oder einen falschen Schritt machen, Achsen brachen, und Wagen versanken im Morast. Moore waren berüchtigt dafür, Menschen einfach zu verschlucken. Auf Wasserwegen wurden Strömungen oft falsch eingeschätzt, Boote liefen auf und gingen zu Bruch. In den Städten waren die Gehsteige oft nicht gut gesichert, geschweige denn beleuchtet. Gruben und Kellereingänge konnten zur Trittfalle werden.

Bei Unglücksfällen blieb oft unklar, weshalb Menschen nachts die Orientierung verloren, sich verletzten, starben oder gänzlich unauffindbar blieben. Vielfach schrieb man die Schuld dafür imaginären Wesen zu. In den christlich geprägten Gesellschaften Europas kam dem Teufel im Reigen dieser Gestalten ein besonders wichtiger Platz zu; »Herr der Finsternis« wurde er auch genannt. Mittelalterliche Nonnen und Mönche hielten in ihren Schriften fest, wie er in Klöstern in Erscheinung trat und den Versuch unternahm, sie für seine Sache zu gewinnen. Noch Martin Luther soll – der Legende nach – in seiner Stube auf der Wartburg sein Tintenfass nach etwas geworfen haben, das er als Teufel identifizierte.

In der Literatur vollzog jener Fürst der Dunkelheit oder der Finsternis eine ganze Reihe von Verwandlungen. Wurde er unter Theologen anfangs noch für ein leibhaftiges Wesen gehalten und seine Erwähnung oder gar seine Schilderung tunlichst gemieden, mutierte er bei autoritätsskeptischen Autoren immer mehr zur Figur. In Christopher Marlowes *The Tragical History of Dr. Faustus* ist die Figur des Mephistopheles noch die Verkörperung des Grundbösen, in Goethes *Faust* tritt der Teufel schon als Hauptfigur und zudem als gefährlich-ironischer Charmeur auf. In Romanen des zwanzigsten Jahrhunderts wie *Meister und Margarita* von Michael Bulgakow firmiert er als zwielichtiger Zauberkünstler namens Voland, umgeben von seinem Gefolge, darunter ein riesiger Kater namens Behemoth. Ist heutzutage von einem ›Teufel‹ die Rede, ist der Sprachgebrauch meist metaphorisch und meint einen bösartigen Menschen – oder sogar liebevoll gemeint, etwa zur Beschreibung eines besonders wilden Kindes.

Auch andere Geisterwesen gab es: Elfen und Kobolde trieben ihren Schabernack häufig in der Nacht, führten dabei aber nicht immer Böses im Schilde. Man denke etwa an den gewitzten Puck bzw. Robin Gutfreund, den William Shakespeare in seinem *Sommernachtstraum* auftreten lässt.

Geistererzählungen können sich erstaunlich ähneln, auch wenn sie geografisch weit voneinander entfernten Kulturen entstammen. So berichtete man sich in Katalonien von einem großen schwarzen Hund mit Stahltatzen, der ›Pesanta‹ genannt wurde und die unangenehme Angewohnheit hatte, nachts in den Häusern der Menschen zu erscheinen und sich auf ihre Brust zu setzen – was Atemprobleme und Albträume zur Folge hatte. In der persischen Erzähltradition existiert mit dem ›Bakhtak‹ eine geisterhafte Gestalt, die es ebenfalls darauf abgesehen hat, den Menschen das Atmen schwer zu machen. Und das deutsche Wort ›Albtraum‹ bezieht sich auf einen

›Alb‹, ein Wesen aus der germanischen Mythologie, das schlechte Träume und Beklemmungsgefühle auslöst. Der Schweizer Künstler Johann Heinrich Füssli hat solch eine beängstigend-lästige Kreatur verewigt. Auf seinem Bild *Nachtmahr* sitzt es dämonenhaft auf einer in ein weißes Gewand gehüllten schlafenden Frau. Das stark suggestive Werk löste 1781 bei seiner Ausstellung in der Londoner Royal Academy einen Skandal aus. Die Vorstellung von einem lüsternen Dämon, der sich Schlafenden annähert, um mit ihnen zu verkehren, geht weit in die Vergangenheit zurück. In seiner weiblichen Erscheinung wurde er ›Succubus‹, in seiner männlichen ›Incubus‹ genannt.

Der Glaube an Hexen dürfte seinen Ursprung in heidnischen Göttervorstellungen haben, in denen zahlreiche Götter und Untergötter auftauchten und auch menschliche Halbgötter möglich waren. Irgendwann aber wurde er von kirchlichen Institutionen des Christentums übernommen und dadurch gewissermaßen offiziell. Ungezählte Frauen wurden im Mittelalter und der frühen Neuzeit Opfer des Hexenglaubens. Man war wahnhaft davon überzeugt, Hexen seien mit besonderen Zauberkräften ausgestattet und machte sie für Krankheiten, Missernten und sonstiges Unheil verantwortlich. Im deutschen Volksglauben galt der Brocken im Harz, auch Blocksberg genannt, als besonders beliebter Treffpunkt für den Hexentanz. Zu den Ursprüngen solcher Glaubensvorstellungen schreibt Carl Herloßsohn in seinem *Damen Conversations Lexikon* (1834–38):

> *»Man erzählt, dass während ihrer Kriege mit Karl dem Großen die Sachsen ihrem Wodan auf den Granitblöcken des Harzberges in sternenhellen Nächten Opfer brachten, und um die Franken zu schrecken, in Hirschfelle und Ochsenhäute vermummet, durch Geweihe und Hörner entstellt, mit Feuerbränden und Gabeln bewaffnet, unter dem Getöse ihrer klirrenden Opfergeschirre und mit fürchterlichem Geschreie auf dem ihnen heiligen Gipfel des Berges sich zusammenscharten.«*

Sogenannte *Hexenplätze* waren meist abgelegene Orte in Mittelgebirgen, Wäldern und Mooren, oft waren diese frühere heidnische Kultplätze. Ihren Höhepunkt sollen die vermeintlichen Aktivitäten der Hexen, die auch als Nachtfrauen bezeichnet wurden, im nächtlichen Sabbat gefunden haben, bei dem allerlei grausame Taten verübt wurden. Hexen wurde unterstellt, sie ließen sich mit Dämonen ein, den Teufel an sich Milch oder Blut saugen oder sie feierten mit höllischen Wesen Orgien. Dabei folgten die »Berichte« vom angeblichen Treiben auf Hexentanzplätzen keiner einheitlichen Dramaturgie, sie waren mit bizarren Details gespickte Fantasieprodukte, in denen fast alle erdenklichen Tabus verletzt wurden und jegliche Ordnung aufgehoben war.

Angeblich fanden die fantasierten Zusammenkünfte vor allem an den hohen christlichen Feiertagen, aber auch in der Johannis- und Walpurgisnacht statt, begannen um Mitternacht und setzten sich bis in die frühen Morgenstunden fort. Die der Teilnahme Angeklagten und unter Folter zu Geständnissen Gezwungenen wurden oft zum Tode verurteilt. Schätzungen zufolge wurden im Zuge der Hexenverfolgungen etliche zehntausend Menschen hingerichtet. Seinen Schwerpunkt hatte diese kollektive Verblendung in Mitteleuropa: in Frankreich, der Schweiz und in Deutschland. Auch in England trieb der Volksglaube wilde Blüten, William Shakespeare bezog sich zum Beispiel in *Macbeth* auch auf mitternächtliche Hexentreffen, in England konnte sich die Vorstellung von Hexentänzen aber nicht in der Breite durchsetzen.

Ein wichtiger Kritiker des Teufels- und Hexenglaubens war der deutsch-niederländische Theologe Balthasar Bekker. Mit seinem 1691 in den Niederlanden erschienenen und wenige Jahre später in deutscher Sprache aufgelegten Buch *Die Bezauberte Welt* löste Bekker eine weitreichende Debatte über den Aberglauben aus, in deren Zuge sich viele genötigt sahen, für oder gegen den Hexenglauben Stellung zu beziehen. Die Kirche ging gegen ihn vor und entzog ihm die Erlaubnis zu predigen. Bekker sah sich dem Vorwurf

»*Daß die Hexen aber zur Walpurgisnacht auf Ziegenböcken dahin reiten sollen, ist ein Aberglaube, der aus Unwissenheit mit der Natur entstanden ist. Um diese Zeit nämlich ziehen die Schnepfen; unter den mancherley Arten derselben heißt eine die Himmelsziege, welche diesen Namen von ihrem Schreyen, das dem Meckern einer Ziege sehr ähnlich ist, erhalten hat: die Schnepfen ziehen gemeiniglich des Abends und des Morgens. Wenn nun die gemeinen Leute dieses Meckern in der Luft gehört, zugleich im Dunkeln etwas fliegen gesehen, und den Kopf mit Hexen und Gespenstern voll gehabt haben, so mußte ihrer Einbildung nach dieß Meckern von einer in der Luft fliegenden Ziege herkommen, zumal wenn sie etwas von der Himmelsziege gehört hatten. Da dieß Fliegen einer Ziege in der Luft ihrer Meynung nach nicht von rechten Dingen zugehen konnte, so muß diese der lebendige Teufel seyn, der nun, weil er immer mit Hörnern vorgestellt wird, sich in einen Bock verwandelt, den alten Hexen zum Reitpferde dient, um darauf über Stock und Stein durch die Luft gerade auf den Bocksberg hin und wieder her galoppiren zu können.*«

Karl Gottlob Hausius, *Erklärungen aus der Naturgeschichte und allerlei Weltwissen für die Jugend* der Ketzerei und des Atheismus ausgesetzt. Die Angriffe gegen ihn setzten sich erstaunlicherweise noch Jahrzehnte nach seinem Tod 1698 fort. Letztlich spielte er eine wichtige Rolle für die Bekämpfung der Hexenprozesse.

Es gibt aber auch Nachtwesen, die nicht als angsteinflößend oder böse gelten. In Süddeutschland, der Schweiz und in Österreich ist in der mündlichen Überlieferung von in kleinen Gruppen auftretenden nächtlichen Phantomen die Rede: der »Nachtschar«. Der Sage nach werden nächtliche Spaziergänger manchmal von ihr überrascht. Sie soll auf abgelegenen Wiesen tanzen oder sich zu üppigen Abendessen zusammenfinden. Wenn man sie zu sich einlädt, so die Vorstellung, bringt der Besuch der Nachtschar Glück. Auf jeden Fall führt sie nichts Böses im Schilde. Der freundlichen Nachtschar entfernt verwandt sind die *Benandanti,* Wohlfahrende oder gute Läufer, gute oder gesegnete Männer und Frauen, von denen im norditalienischen Friaul berichtet wird. Sie sind friedfertig, helfen den Menschen, können sogar mit den Tieren sprechen und fliegen. Georg Luck malt in *Rätische Alpensagen – Gestalten und Bilder aus der Sagenwelt Graubündens* ein angenehmes Bild von ihnen:

> *»Die Nachtschar ist das unbestimmtere und phantastischere Wesen und heutzutage in seiner eigentlichen Art auch viel weniger bekannt als das Totenvolk. Jene unterscheidet sich auch darin vom Totenvolk, dass bei ihr zuweilen die düsterliche Feierlichkeit des Todes plötzlich in ausgelassene Lustigkeit umschlägt. Dann sieht man die tolle Schar auf einsamen Bergwiesen gleich den Hexen einen fröhlichen Ringelreigen aufführen. Dabei spielt eine unsichtbare Musik berückend schöne Weisen. Diese Musik der Nachtschar wird vor allem gerühmt. Doch nicht nur beim Tanze, mitunter spielt die Musik auch bei den nächtlichen Wanderungen durch die Töbel und Schluchten. Und wenn ein Lebendiger diese wunderbaren Klänge hört, so*

ergreift namenloses Sehnen sein Herz, und er muss dem düstern Zuge folgen über Berg und Tal, bis die Morgenglocke oder der erste Hahnenschrei den Zauber bricht.«

Auch von untoten Geschöpfen in Menschengestalt, die nachts auftauchen, wird in vielen Kulturen erzählt, so etwa die *draugr* Skandinaviens, die im Rahmen des vorchristlichen Nornenkults in Erscheinung traten. Von diesen leichenblassen Geistern der Toten hieß es, sie verließen, von grenzenlosem Hunger angetrieben, ihre Gräber und fielen Menschen wie Tiere an. Zudem konnten sie sich angeblich in Seehunde, Katzen, Pferde oder Bullen verwandeln. Um sie zu vernichten, genügte es nicht, sie einfach nur zu töten, sie mussten geköpft und verbrannt werden. Der Glaube an die *draugr* schlug sich in Begräbnisritualen nieder: Indem man den Toten Lebensmittel beigab, versuchte man ihren Hunger zu zügeln und zu verhindern, dass sie überhaupt den Gräbern entstiegen. In verschiedenen Quellen tauchen blutsaugende Wiedergänger auf, in England zum Beispiel seit dem 12. Jahrhundert in Chroniken, wo sie mit dem lateinischen Begriff *cadaver sanguisugus* belegt wurden.

Der Begriff »Vampir« wiederum stammt aus dem Serbischen und ist erst seit dem 18. Jahrhundert geläufig. Dass Vampire ausgerechnet mit Fledermäusen in Zusammenhang gebracht werden, verdankt sich der Entdeckung einer südafrikanischen Fledermausart, die sich ausschließlich von Blut ernährt und alle drei Tage eine neue Speisung benötigt, um überleben zu können. Das Wissen um die Ernährungsweise dieser Fledermäuse wiederum nährte die Vorstellung, dass auch andere Lebewesen diese Angewohnheit haben könnten.

1819 wurde die Geschichte *The Vampyre* von John Polidori veröffentlicht, allerdings unter dem Namen von Lord Byron, dessen Hausarzt Polidori war. Die Idee dafür soll drei Jahre zuvor bei einem Treffen mit Lord Byron, Mary Shelley (der Autorin von *Frankenstein*) und Percy Bysshe Shelley entstanden sein, die sich am Genfer

See zusammengefunden hatten. 1857 erschien dann *Dracula* – der Roman des irischen Autors Bram Stoker, der die Vorstellung des Vampirs bis heute prägt. Der Name »Dracula« verwies auf die historische Figur Vlad III. Drăculea – »Sohn des Drachen« bzw. »Sohn des Teufels«, der um das Jahr 1431 im transsylvanischen Schäßburg geboren worden war und dem der Ruf extremer Grausamkeit anhaftete. Er soll die Gewohnheit gehabt haben, seine gefangenen Feinde zu pfählen. Zu berücksichtigen ist bei den Erzählungen über ihn allerdings, dass er in Westeuropa aus propagandistischen Gründen als besonders grausam dargestellt wurde. Kann Drăculea wirklich, wie von manchen behauptet wurde, für den Tod von bis zu hunderttausend Menschen verantwortlich gemacht werden? Einen besonderen Platz unter den Abkömmlingen bzw. Vorläufern von Dracula hat sich zweifellos Nosferatu, »das Phantom der Nacht«, erobert, der gerne vorschnell dem rumänischen bzw. siebenbürgischen Volksglauben zugeschrieben wird, darin aber gar nicht vorkommt. Das sollte den legendären Film Fritz Murnaus, *Nosferatu – Eine Symphonie des Grauens,* mit Max Schreck in der Hauptrolle und seinem extremen Spiel mit Licht und Schatten, Helligkeit und Dunkelheit aber nicht davon abhalten, einer der einflussreichsten der Filmgeschichte zu werden, der zudem das Genre des Horrorfilms entscheidend prägte.

Irrlichternde Elemente

Als besonders heimtückisch galten Lichterscheinungen, die Wanderer auf falsche Fährten und in Sümpfe und Moore lockten. Sie gab es in vielen Ländern unter verschiedenen Namen und in unterschiedlichen Erscheinungsformen. Johann Wolfgang von Goethe hat dieses Motiv mehrfach aufgegriffen. Ein Beispiel dafür ist seine Erzählung *Das Märchen,* in der zwei Irrlichter nachts einen Fährmann aufwecken und ihn bitten, sie auf die andere Seite eines großen Flusses mitzunehmen. Sie bieten ihm dafür Goldstücke an, die dieser jedoch ablehnt, weil sie, wie er befürchtet, ins Wasser fallen und gefährliche Wellen hervorrufen könnten. Der Schweizer Künstler Arnold Böcklin, bekannt für seine düsteren, von Mythologien beeinflussten Darstellungen, hat 1862 einem solchen Irrlicht auf seinem ebenso betitelten Gemälde eine anschauliche Form gegeben: eine in weiße Gaze gehüllte Frau, die einen Wanderer während der Dämmerung in undurchsichtiges, von Nebeln verhangenes Gelände weist. ›Totenlicht‹ nannte man angeblich von Gott in die Nacht verwiesene Geister von Toten, die keine Ruhe finden können und gespenstische Lebenszeichen von sich geben. Etwas Gutes verhieß das Auftauchen solcher Lichtgeister freilich nicht; oft galt es als Vorzeichen eines Todesfalls, »sei es nun, dass sie draußen, im besonderen überm Wasser, auf dem Eise, auf der Kirchhofsmauer, oder drinnen im Zimmer, vor allem am Krankenbette beobachtet werden«, heißt es dazu im *Handwörterbuch des deutschen Aberglaubens.*

Vom Irrlicht kann man den sogenannten Feuermann unterscheiden, der mitteleuropäischem Volksglauben zufolge bevorzugt in schwülen Sommernächten und an Herbstabenden, oft um die Zeit des Neumonds, auftaucht – in Gestalt einer bläulichen Flamme, die sich schnell bewegend in die Höhe fährt, um die Wipfel der Bäume kreist und unter donnerndem Getöse zusammenbricht. Manche Forscher bringen die Vorstellung eines Feuermanns mit dem christlichen Glauben an das Fegefeuer in Verbindung.

Mysteriöse nächtliche Lichterscheinungen beschäftigten die Menschen aller Zeiten und Länder. Der Astronom Friedrich Wilhelm Bessel etwa machte 1807 an einem Morgen nördlich von Bremen, in einer Ortschaft namens Lilienthal, eine interessante Beobachtung. Er nahm »in einer völlig trüben und windstillen Nacht«, wie er in seiner Mitteilung an den Herausgeber der *Annalen der Physik* schrieb, über einem zum Teil ausgehobenen Moorgrund etliche Flämmchen wahr, die jeweils etwa zwanzig Sekunden aufleuchteten: »Die Farbe dieser Flämmchen war etwas bläulich, ähnlich der Farbe des verbrennenden, aus Eisen und verdünnter Schwefelsäure gewonnenen unreinen Wasserstoffgases.« Sumpf- und Faulgase können sich entzünden. *Meyers Konversations-Lexikon* von 1904 verweist auf elektrische Lichterscheinungen, manchmal als »St. Elmsfeuer« bezeichnet, »die im Dunkeln an vorstehenden Spitzen und Ecken sich zeigen, an Kirchtürmen, Spitzen von Bäumen, besonders Mastbäumen, und Gesträuchern, aber auch an den Ohren und Mähnen von Pferden und sogar auf dem Kopf von Menschen«.

War das vielleicht schon die Erklärung für die nächtlichen Irrlichter? Einige Lebewesen sind bekannt dafür, Biolumineszenz und damit ein kaltes Licht zu erzeugen. Glühwürmchen fühlen sich in feuchten, waldreichen Regionen besonders wohl und können sich zu Tausenden um einen Baum versammeln, wo sie dann durch eine komplexe chemische Reaktion ein blitzartiges Licht verstrahlen. Wie man herausgefunden hat, kommt dies durch die Kombination von Luciferase und Sauerstoff zustande. Über sie wird jüngst viel geschrieben, weil ihnen mit der Abholzung von Wäldern immer mehr Lebensraum entzogen wird, auch Insektenvertilgungsmittel und Düngemittel setzen ihnen zu. Wie man inzwischen herausgefunden hat, erstrahlen selbst manche Pilze in einem Licht, das sie selbst hervorbringen – in diesem Fall oxidiert 3-Hydroxyhispidin mit Luciferase, wodurch Lichtquanten freigesetzt werden. Welche Funktion hat das Licht für die Pilze? Im Falle der brasilianischen Pilzart *Neonothopanus gardneri,* deren Exemplare ein wenig wie illuminierte kleine Regen- oder Sonnenschirme aussehen, geht es offenbar darum, Insekten anzulocken, die die Pilzsporen dann in der Umgebung verbreiten können. Auf nächtliche Wanderer, die sie mit ihrem kleinen Licht in die Irre führen könnten, haben sie es bestimmt nicht abgesehen.

Bilder von der Nacht

Die Nacht, die William Shakespeare in seinen Komödien und Tragödien darstellte, war eine der Verschwörungen, der Kriminellen und herumirrenden Psychopathen, eine, in der den Gräbern Geister entstiegen. Schlaf war der »Tod von jedem Lebenstag«, wie es in *Macbeth* heißt. Andererseits ist die Nacht bei ihm immer wieder schützender Mantel der Liebenden. Das Mittelalter mit seiner Dämonisierung der Nacht und Verteufelung der Dunkelheit war vorbei, aber die neue Zeit noch nicht ganz angebrochen. Ab dem 15. Jahrhundert hatte sich in der christlichen Kultur Europas ein veränderter Blick auf Dunkelheit und Nacht ergeben, die Kunsthistorikerin Brigitte Borchardt-Birbaumer spricht gar von der »Entdeckung der Nacht« und einer »nächtlichen Revolution«. Bis dahin hatten Maler die Darstellung von Dunkelheit vermieden und meist einen Goldgrund mit flächiger Wirkung vorgezogen. All das änderte sich mit der Renaissance. Jetzt verstanden die Künstler, dass sie Szenen durch den Einsatz von Licht in der Dunkelheit effektvoller und dramatischer darstellen konnten. Leonardo da Vinci hatte die Herausforderung schon früh formuliert: *»Wie man die Nacht darstellen soll: Was durchaus des Lichts entbehrt, das ist gänzliche Finsternis. Nacht ist in diesem Falle ... mit Feuer und anderen Lichtern zu malen.«*

Damit einher gingen Versuche, Schatten abzubilden, denn man erkannte, dass ihr Einsatz die räumliche Darstellung mit Tiefenwirkung enorm verbessern kann.

Der veränderte Zugang zu Licht, Schatten und Nacht schlug sich in der Folgezeit in Traumbildern wie Tizians (ca. 1488–1576) berühmtem Nachtstück *Das Martyrium des heiligen Laurentius* nieder. Neben fahlem Mondlicht, glühender Abend- oder Morgenröte und künstlichen Lichtquellen wie Kerzen und Fackeln brachten Renaissancemaler bei der Inszenierung von religiös inspirierten Motiven häufig noch ein Licht zum Einsatz, das aussieht, als sei es übernatürlichen Ursprungs, und das die dargestellten Personen in einer Helligkeit erscheinen lässt, deren Wirkung das Tageslicht sogar übertrifft. Ein weiterer bahnbrechender Protagonist der Hell-Dunkel-Malerei ist Caravaggio, der eine ganze Schule von Nachahmern fand. Gerard van Honthorst etwa, der zu den sogenannten Utrechter Caravaggisten zählt und in Rom arbeitete, führte seine Maltradition fort. Er ist besonders für seine Arbeiten mit dominant eingesetztem Licht verschiedener Quellen bekannt. In Italien nannte man van Honthorst »Gherardo delle Notti«, den Gerard der Nächte.

Adam Elsheimers *Die Flucht nach Ägypten,* auf der Rückseite mit »Rom 1609« gekennzeichnet, bildet zum ersten Mal in der bildenden Kunst den Nachthimmel naturalistisch ab. Die Tatsache, dass auf dem Werk nicht nur rund 1200 Sterne, sondern auch Mondkrater zu erkennen sind, weist darauf hin, dass Elsheimer schon über ein Fernrohr verfügt haben dürfte. Da es um die Zeit entstand, in der auch Galileo Galilei den Himmel beobachtete, ist diese These nicht unwahrscheinlich.

Zwei Jahrhunderte später schufen die Landschaftsmaler der Romantik eine eigene Form der »Nachtstücke«. Legendär ist etwa Caspar David Friedrich mit seinen von düsterer Stimmung geprägten nächtlichen Gemälden.

Die Erfindung der Fotografie brachte in die Darstellung der Nacht dann noch eine ganz neue Dynamik. Zunächst waren es Aufnahmen des Mondes, die für Schlagzeilen sorgten: Louis Daguerre, der Erfinder der Daguerreotypie, versuchte sich 1839 an einer solchen Aufnahme; das Ergebnis war bescheiden, vom Himmelskörper sah man kaum mehr als einen verschwommenen Punkt. Die erste erfolgreiche fotografische Aufnahme des Mondes erfolgte ein Jahr später, durch John William Draper, Professor für Chemie an der New York University.

Bald wandte man sich auch profaneren Objekten und Szenen zu. Der schottisch-kanadische William Notman nahm 1860 eine nächtliche Lagerfeuerszene mit Karibujägern auf. Es handelte sich jedoch noch um eine komplette Inszenierung: Sie wurde von ihm in einem Studio mit Requisiten und effektvoll eingesetztem Licht nachgestellt. Es verging noch eine geraume Zeit, bis es technisch möglich wurde, auch unter schwierigen Lichtverhältnissen draußen zu fotografieren, man brauchte enorm lange Belichtungszeiten. Die Tatsache, dass es immer mehr Straßenbeleuchtung gab, erleichterte den Fotografen den Fortschritt.

Jessie Tarbox Beals, die als die erste weibliche Fotojournalistin gilt, arbeitete zu Anfang des 20. Jahrhunderts viel nachts und machte Fotos von New Yorker Tanzsälen. Ihr Kollege, der Fotojournalist Arthur »Weegee« Fellig, bannte in den 1930er-Jahren die Schattenseiten der New Yorker Nacht auf ungeschönten, oft schockierenden Aufnahmen – als junger Einwanderer aus Galizien hatte er die Nächte oft in Bahnhöfen und Obdachlosenasylen verbracht. Um diese Zeit erkundete auch der ungarische Fotograf Gyula Halász, unter dem Namen Brassaï bekannt, die nächtlichen Pariser Straßen und Lokalitäten, gemeinsam mit seinem amerikanischen Schriftstellerfreund Henry Miller. Brassaï hielt intime Momente in einprägsamen Schwarz-Weiß-Fotos fest. O. Winston Link wurde vor allem durch seine nächtlichen Aufnahmen von Zügen bekannt, die er in den 1950er-Jahren in Amerika fotografierte. »Hotshot Eastbound« zeigt, wie eine Dampflok an einem Autokino vorbeizieht, während auf der Filmleinwand ein Flugzeug zu sehen ist. Diese und andere Fotografen eröffneten mit ihren Arbeiten und ihrer oft ungewöhnlichen Perspektive nächtliche Welten, die den meisten Menschen so kaum aus eigener Anschauung bekannt waren.

Amerika war auch bald auf dem Gebiet des Films führend. Der Begriff *film noir* geht zwar auf einen französischen Filmkritiker zurück und klingt auch französisch – bezieht sich aber auf die düsteren amerikanischen Kriminalfilme, die während des Zweiten Weltkriegs entstanden. Der Stil wurde in vielen Ländern weitergeführt. François Truffaut etwa wird dem Neo-Noir zugerechnet. Der *film noir* wurde ganz bewusst in Schwarz-Weiß gedreht und setzte Hell-Dunkel-Effekte besonders effektvoll ein, obwohl sich in der Breite längst Farbfilme für Kinoproduktionen durchgesetzt hatten. Die Atmosphäre dieser Filme hat etwas Unheimliches, Zweifelhaftes und Unvorhersehbares.

Mit »American Night« ist dagegen ein bestimmtes technisches Verfahren gemeint: Um die Probleme beim Drehen von Filmen während der Nacht zu umgehen, nimmt man am Tage auf, belichtet dabei aber stark unter und benutzt Polarisationsfilter; man führt nur dem Bildausschnitt, der hervorgehoben werden soll, Licht zu. Bei diesem Nachteffekt erscheint zum Beispiel der Himmel tiefblau und alles wirkt wie in Mondlicht getaucht; Einzelheiten und Umrisse sind aber immer noch gut auszumachen.

Im zeitlichen Umfeld des frühen *film noir* schuf Edward Hopper kurz nach dem Eintritt der USA in den Zweiten Weltkrieg sein berühmtes Gemälde *Nighthawks (Nachtfalken),* das einen Blick auf ein hell beleuchtetes amerikanisches Diner mit wenigen Gästen bietet. Hopper soll dafür von einer Straßenecke im New Yorker Greenwich Village inspiriert worden sein. Viele Kritiker erkannten darin einen Ausdruck von Einsamkeit und Hoffnungslosigkeit. Viele Künstler haben dieses Bild zitiert, es auf ihre je eigene Weise verarbeitet und damit unsterblich gemacht. Dabei ist der Begriff »Nachtfalke« etwas irreführend. Die in Nord- und Mittelamerika brütenden und in Südamerika überwinternden Vögel dieses Namens sind genau genommen gar keine Falken, sondern Falkennachtschwalben. Und sind – anders als man ihrem Namen nach vermuten könnte – vorwiegend während der Dämmerung aktiv, weniger nachts. Für die menschlichen »Nachtfalken« des Hopper-Gemäldes gelten natürlich ganz andere Gesetze.

Ridley Scotts Film *Blade Runner* (1982), der ein von Replikanten bevölkertes dystopisches Los Angeles nach der großen Klimakatastrophe zeigt, spielt zum überwiegenden Teil nachts. Scott nahm die Tradition des *film noir* auf und wandelte sie zum *future noir*. Die Entscheidung, die Handlung in die Nacht zu verlegen, verstärkte das Gefühl der bedrohlichen Zukunft, soll aber auch durch das niedrige Budget bedingt gewesen sein – so konnte am Aufwand gespart werden, überzeugende Hintergründe darzustellen. Das Jahr, das Scott zeigen wollte, 2019, ist vorbei, seine futuristisch-düstere Vision der sich bis an den Horizont erstreckenden und immer wieder von Feuerstößen illuminierten Riesenstadt am Pazifik hat sich – abgesehen von der enormen Lichtverschmutzung – nicht erfüllt.

Feuer am Nachthimmel

Es gibt Nächte, die einfach nicht dunkel werden wollen, in denen der Tag über die Nacht triumphiert. Die kürzeste Nacht des Jahres, die Mittsommernacht, ist in Schweden Anlass für ein Fest, das besonders auf dem Land lange vorbereitet wird. Auf den Wiesen werden Blumen gesammelt und zu Kränzen gebunden, mit denen der Maibaum, die *Majstången,* geschmückt wird. Um ihn kreisen Tänzer in folkloristischen Kostümen und weißen Kleidern, die Feierlichkeiten erstrecken sich bis früh in den Morgen. Während des Sommers endet die sogenannte astronomische Dämmerung auf den Breitengraden, die größer als gut 48 Grad sind, einfach gar nicht. Die Sonne steht dann nur knapp unterhalb des Horizonts und es wird nicht ganz dunkel – die Zeit der Mitternachtsdämmerung. Je weiter nach Norden man kommt, desto ausgeprägter wird sie. In Sankt Petersburg, das etwa auf dem 60. Breitengrad liegt, spricht man von *belye nochi* – weißen Nächten.

Das Polarlicht, *Aurora borealis* auf der Nordhalbkugel und *Aurora australis* auf der Südhalbkugel genannt, ist die wohl bemerkenswerteste Lichterscheinung arktischer bzw. antarktischer nächtlicher Himmel. Dünne, scheinbar glühende, bogenartige Wolken, die Hunderte von Kilometern breit sein können und eine schlängelnde Bewegung vollziehen. Je dunkler die Nacht ist, desto heller erscheinen sie. Kaum ein Phänomen des Nachthimmels dürfte die Fantasie der Menschen ähnlich angeregt haben wie diese in schnell wechselnden Farben daherkommenden schlierenartigen ›Flammen‹. Auch den dänischen Dichter Hans Christian

Andersen beschäftigte das Nordlicht. In seinem Märchen *Die Schneekönigin* heißt es dazu:

> *»Die Mauern des Schlosses waren von dem wirbelnden Schnee aufgetürmt und schneidende Winde hatten die Türen und Fenster gebildet. Über hundert Säle reihten sich aneinander, wie sie gerade ein Schneetreiben zusammengeweht hatte; der größte erstreckte sich viele Meilen weit. Alle aber waren von starken Nordlichtern erleuchtet und waren groß, leer, eisig kalt und schimmernd. Nie herrschte hier eine Lustbarkeit, nicht einmal ein kleiner Bärenball, wobei der Sturm hätte die Blasinstrumente spielen können; leer, weit und kalt war es in den Sälen der Schneekönigin. Die Nordlichter flammten so regelmäßig, dass man berechnen konnte, wann sie am höchsten und wann sie am niedrigsten standen.«*

Die Inuit betrachteten das Nordlicht mit allergrößtem Respekt; die Bewohner Ostgrönlands brachten es mit den Seelen totgeborener Kinder in Verbindung. Noch zu Beginn des 20. Jahrhunderts hielten es Bewohner des westlichen Norwegens für die Personifizierung alter Frauen, die mit weißen Handschuhen winkend tanzen. Die Wikinger hielten die Nordlichter für die Reflexion der Schilder von Walküren. Und in Norwegen und Schweden gab es die Vorstellung, dass die Erscheinung auf Fischschwärme zurückzuführen sei, die sich in der Nähe der Wasseroberfläche tummeln. Fridtjof Nansen hat den Zauber der Polarnacht in seinem 1893 erstmals erschienenen Buch *In Nacht und Eis: Die norwegische Polarexpedition* festgehalten:

> *»Es gibt nichts so wunderbar Schönes wie die arktische Nacht. Es ist ein Traumland, in den zartesten Tönen gemalt, die man sich denken kann; es ist in Aether verwandelte Farbe. Ein Schatten verschmilzt in den andern, sodass man nicht weiß, wo der eine endigt und der andere beginnt, und doch sind sie alle vor-*

handen. Keine Formen; alles ist schwache, träumerisch gefärbte Musik, eine weit entfernte, lang gezogene Melodie auf gedämpften Saiten. Ist nicht alle Schönheit des Lebens erhaben und zart und rein wie diese Nacht? Gebt ihr glänzendere Farben und sie ist nicht mehr so schön.«

Das Aufspüren der Lichterscheinungen hat sich in Skandinavien, Kanada und Alaska zu einem regelrechten Sport entwickelt. Leidenschaftliche »Jäger« messen elektromagnetische Wellen und fahren den Nordlichtern mit ihren Kleinbussen hinterher.

Im Sommer ist es nicht dunkel genug, um die Polarlichter zu erkennen. Anders im Winter. Am Nordkap schafft es die Sonne zwei Monate lang nicht über den Horizont. Aber so unwirtlich die Umgebung auch ist: Die Menschen haben Wege gefunden, sich damit zu arrangieren. Einige begehen den Einzug der Nacht sogar feierlich (die Rückkehr der Sonne dann freilich mit dem Sonnenfest, dem *solfest*). Beleuchtete Langlaufpisten ermöglichen sportliche Betätigung auch »tagsüber«, wenn es meistens dunkel ist. Und die Lichter in den Fenstern brennen die ganze Nacht lang, also immer.

In anderen Breitengraden wird das ›Zodiakallicht‹ oder ›Tierkreislicht‹ beobachtet – eine schwach leuchtende, als dreieckig oder kegelförmig beschriebene Erscheinung am Himmel, die durch die Streuung von Sonnenlicht an interplanetarem Staub hervorgerufen wird. Dieses Licht wird im Frühjahr am Abend nach Sonnenuntergang und am Morgen im Herbst beobachtet und steht typischerweise in den Sternbildern des Tierkreises (Zodiakus). Bei sehr klarem Himmel kann es so hell leuchten wie die Milchstraße. Manchmal wird es auch als Lichtbogen beschrieben, der vom westlichen Horizont nach Osten wandert. Vermutlich steht dieses Phänomen in Zusammenhang mit dem, was in der arabischen Kultur mit der »falschen Dämmerung« umschrieben wird – eine Lichterscheinung, die dem Morgengrauen um einige Stunden vorausgeht: Der Wissenschaftshistoriker Solomon Gandz hat Hinweise auf das

Zodiaklicht zudem in alten mesopotamischen, hebräischen, ägyptischen und syrischen Quellen gefunden.

Auch bietet der Himmel manchmal das Schauspiel nachtleuchtender Wolken. Sie bilden sich durch Ansammlungen von Eiskristallen in einer Höhe von etwa 80 Kilometern, also in der oberen Erdatmosphäre, wo extreme Lufttrockenheit herrscht. Ihre Entstehung setzt Wasserdampf, Staub und überaus niedrige Temperaturen voraus und ist nicht bis ins Letzte erforscht. Das vorherrschende Erklärungsmodell besagt, dass die Kristallisationskerne entstehen, wenn Meteoriten verglühen. Obwohl viel höher als dort, wo man sich selbst befindet, können diese Wolken zuweilen während eines Fluges beobachtet werden. Vielleicht war es die Art von Himmelsgebilden, die Antoine de Saint-Exupéry in *Nachtflug* beschrieb?

> *»Staunen überwältigte ihn: die Helligkeit war so groß, dass sie ihn blendete. Er musste für Sekunden die Augen schließen. Er hätte nie zuvor geglaubt, dass Wolken bei Nacht blenden könnten. Aber der Vollmond und alle Sternbilder verwandelten sie in ein gleißendes Meer.«*

Und vielerorts, wo es keine natürlichen Lichterscheinungen gab, verstanden es die Menschen, dem etwas nachzuhelfen. Kinder bewegen sich mit ihren Lampions mäandernd durch die nächtliche Landschaft. Ein anderes Beispiel ist das Bachabschicken von Lichtern oder »Lichterschwemmen«, wie es auch genannt wird, das mancherorts in der Schweiz während der Fastenzeit am ›St. Fridolinsabend‹ geschieht, der seinen Namen von einem frühen Wandermönch namens Fridolin hat. Sobald es dunkel geworden ist, lassen Kinder kleine Holzschiffchen mit darauf aufgesteckten Kerzen den Bach entlang treiben und folgen ihnen. Manchmal fangen sie die Schiffchen wieder ein, bringen sie nach oben, so dass das Spiel von Neuem beginnen kann. Ursprünglich wollte man damit den Bach und den Winter besänftigen.

Lichter über dem Meer

M eer, Nacht und Mondlicht – in *Hochzeit des Lichts* beschreibt Albert Camus diesen magischen Dreiklang:

»Der Mond ist aufgegangen. Er erleuchtet anfänglich nur schwach die Fläche des Wassers, steigt höher und schreibt Zeichen auf die weichen Wellen. Endlich im Zenit, strahlt er eine leuchtende Straße auf das Meer, einen reichen Fluss aus Milch, der mit der Bewegung des Schiffes auf uns niederströmt, unversiegbar im dunklen Ozean. Da ist die Nacht, treu und kühl, die ich rief in den lärmenden Lichtern, im Alkohol und im Aufruhr des Begehrens.«

Der Mond gibt aber eben nur dann Licht, wenn er in der richtigen Phase ist und der Himmel nicht gerade von dichten Wolken verhangen ist. Ist es dunkel, wird die Orientierung schwierig. Niemand weiß, wie viele Boote und Schiffe im Laufe der Jahrhunderte nachts auf den Meeren verloren gegangen sind. Wäre das Unglück der Titanic auf eine Vollmondnacht gefallen, hätten die Wachposten an Bord den Eisberg vermutlich noch rechtzeitig erkennen und die fatale Kollision vermeiden können.

Seit über zweitausend Jahren versuchen Menschen, Seeleuten mit Leuchtfeuern und -türmen die Richtung zu weisen, um so das nächtliche Auflaufen von Schiffen an der Küste zu verhindern. Als erster dokumentierter Turm gilt der 140 Meter hohe und um 280 vor Christus gebaute Pharos von Alexandria, der zu den sieben Weltwundern zählt. Auf welche Weise sein Leuchtfeuer erzeugt wurde – ob mithilfe eines offenen Feuers oder einer Laterne –, ist bis heute nicht bekannt, aber sein Licht scheint durch einen gebogenen Metallspiegel verstärkt worden zu sein. Im frühen 14. Jahrhundert wurde er durch zwei Erdbeben zerstört und danach in anderer Form wiederaufgebaut.

Leuchttürme waren in der Antike keine Seltenheit, nach dem Ende des Römischen Imperiums findet man sie seltener. Die Hanse errichtete dann im Mittelalter im Ostseeraum Leuchtfeuer. Auch an der flämischen Küste wurden im späten Mittelalter solche Feuer unterhalten. Im Vergleich zur Antike waren die Vorrichtungen jedoch primitiv – es waren mit Kohle bestückte Metallschalen, die an Klippen, Küsten und auf Inseln aufgestellt wurden. Naturgemäß litten sie unter dem feuchten Wetter und waren unzuverlässig. Öllampen wurden lange mit Waltran, später mit Rapsöl und schließlich mit Kerosin betrieben.

Doch wie sieht es von der Seeseite her aus? Wie die Lichter klar identifizieren, mit einer bestimmten geografischen Lage in Verbindung bringen? Nachdem der schon zuvor erwähnte Aimé Argand die Brennkraft der Öllampe deutlich gesteigert hatte, kam dem Schweden Jonas Norberg 1781 die Idee, ein wiedererkennbares Muster von Lichtblitzen zu erzeugen. Er bediente sich dafür eines Uhrwerksmechanismus, der eine Scheibe mit drei Öllampen und sechs parabolischen Reflektoren um die eigene Achse drehte. Als wenige Jahrzehnte später rote Glasscheiben produziert werden konnten, mit denen man das Licht färbte, machte das die Identifizierung eines bestimmten Leuchtfeuers noch verlässlicher.

Nicht immer wurden als Vorrichtungen für die Leuchtfeuer Türme errichtet; oft waren es schlichte ein- oder zweistöckige Häuser mit einer Laterne auf dem Dach. In Frankreich baute man im 19. Jahrhundert ein dichtes Leuchtturmnetz mit der Absicht, dass Seeleute immer mindestens einen von ihnen erspähen konnten, wenn sie in Blickweite der Küste vorbeifuhren.

Und wieder war es ein Schwede, Gustaf Dalén, der zu Beginn des 20. Jahrhunderts eine Lösung fand, unbemannte Leuchtfeuer zu betreiben. Er verwendete für seine Lampen nämlich das hellweißes Licht erzeugende Gas Acetylen – die Lampen wurden mithilfe eines sogenannten Sonnenventils durch einfallendes Tageslicht aktiviert und bei Nachteinbruch automatisch abgeschaltet. Damit konnten sie viele Monate betrieben werden, ohne dass eine Wartung notwendig wurde. Dalén erblindete tragischerweise bei einem seiner Versuche – kurz bevor ihm der Nobelpreis für Physik verliehen wurde.

Spätestens in den 1920er-Jahren begannen Leuchttürme an Bedeutung zu verlieren und mit dem Aufkommen von Radiowellen und Radar büßten die Lichtsignale über dem Meer bald ihre Funktion als Lebensretter ein. Dem Status der Leuchttürme als Wahrzeichen der Seefahrt und als beliebte Ausflugsziele tat das freilich keinen Abbruch.

»In der Nacht vom 26. auf den 27. Nov. 1703 war die ganze Natur
in Empörung, es wüthete der fürchterlichste Orkan verheerend
an den Küsten von England stärker, als es den ältesten Menschen erinnerlich war. Voll banger Sorge erwartete man den
ersten Schimmer des Tages, um so bald wie möglich nach dem
Leuchtthurme von Eddystone zu schauen; denn Jedermann ur-
theilte, er sey ein Raub der Wellen geworden. Der Tag kam und
verschwunden war das ganze Gebäude, versunken im Meere,
unwiederbringlich verloren. Alle diejenigen, welche zur Unter-
haltung des Feuers und zu andern Geschäften in dem Gebäude
wohnten, fanden ihr Grab in der Fluth. Das Allertraurigste und
in der That Merkwürdigste bei dieser Begebenheit ist der Verlust
des Baumeisters Winstanley selbst. Er hatte sich, überzeugt von
der Dauer seines Werks, oft gewünscht, im größten Sturme auf
Eddystone zu seyn, und sein Wunsch wurde fürchterlich erfüllt.
Am Abende vor dem Unwetter war er mit einigen Arbeitern
nach Eddystone gefahren, um einige Verbesserungen anzulegen;
der Sturm überraschte sie in der Nacht; das Gebäude stürzte
ein und Winstanley versank mit ihm ...
Man erzählt, in der nämlichen Nacht sey auch das kleine hölzerne Modell des Thurms, welches in Winstanley's Hause zu
Littleburg stand, 200 englische Meilen vom großen entfernt, von
seinem Standpunkte herabgestürzt und in Stücke zerbrochen.
Vielen mochte dies als ein Wunder erscheinen; es ist aber nicht
nur möglich, sondern auch den Umständen angemessen, und

*wir werden die Sache sehr natürlich finden, wenn wir hören,
der fürchterliche Sturm habe, einem Erdbeben ähnlich, durch
ganz England gewüthet, und viel bedeutendere Massen, als ein
solches Modell ist, umgestürzt und zertrümmert. Auch wurde
der Schaden des verlornen Leuchtthurms sehr bald nach seiner
Zertrümmerung fühlbar; denn es scheiterte gleich darauf ein
reich beladenes Handelsschiff, nun ungewarnt, an diesen Klippen.«*

   Das Pfennig-Magazin, 10. August 1833

Die Durchleuchtung der Nacht

S chon seit dem 18. Jahrhundert war die nächtliche Sicherung der Städte dem Verkehrsaufkommen zu später Stunde hinderlich, so dass Mauern und Tore vielerorts beseitigt wurden. Mit der Industrialisierung beschleunigte sich die Verlagerung des aktiven Lebens in die Nacht rasant weiter – ob in den Baumwollspinnereien, in den Eisengießereien oder bei Handelstransporten und Postkutschen. »Schmelzöfen und Arbeitsgebäude, die des Nachts ruhn und keine lebendige Arbeit einsaugen, sind ›reiner Verlust‹ … für den Kapitalisten. Darum konstituieren Schmelzöfen und Arbeitsgebäude einen ›Anspruch auf die Nachtarbeit‹ der Arbeitskräfte« – schrieb Karl Marx in *Das Kapital* und hatte damit die Logik der Zeit erfasst.

Dank immer leichter verfügbarem Kunstlicht verlängerten die Menschen ihre Aktivitäten in die Nacht; die Lampen trieben der Nacht die Dunkelheit und den Menschen den Schlaf aus. Man hatte sich schnell daran gewöhnt. Nur Blackouts vermitteln noch eine Ahnung davon, wie stark die Abhängigkeit von der künstlichen Helligkeit inzwischen ist. Selbst die Stadt, von der es heißt, dass sie niemals schläft, blieb nicht davon verschont, als der Hurrikan ›Sandy‹, ein tropischer Wirbelsturm, im Oktober 2012 Teile von New York (und darüber hinaus) schlagartig in Dunkelheit versetzte.

Wären normalerweise bis zu 3500 Sterne am Himmel zu sehen, sind es heute oft nur einige Dutzend; zumindest im weiteren Umfeld von Städten ist es zu hell, um mehr zu erkennen. Über der Hälfte der Europäer ist die Dunkelheit so weit abhandengekommen, dass sie die Milchstraße beim Blick in den Nachthimmel nicht mehr sehen können. Ob das wie ein ›W‹ geformte Sternbild des Nordhimmels Kassiopeia, Kugelsternhaufen, der Große Bär oder die Andromedagalaxie: Bis zum 20. Jahrhundert waren diese und andere Himmelserscheinungen den Menschen noch viel geläufiger als heute. Menschenleere Hochebenen, Wüsten und das offene Meer bieten die besten Gelegenheiten, einen unbeeinträchtigten Blick in den Nachthimmel zu werfen. Oder man kann sich in eine Ortschaft namens Gülpe begeben, gerade einmal hundert Kilometer von Berlin entfernt, in nordwestlicher Richtung. Als italienische Astronomen um die Jahrtausendwende – basierend auf nächtlichen Satellitenbildern – einen Atlas der Lichtverschmutzung erstellten, fanden sie im dünnbesiedelten Westhavelland ein Gebiet, das für Himmelsbeobachtungen besonders günstig schien. Das sprach sich herum, so dass Gülpe eine Pilgerstätte für Astronomen geworden ist. Man kann von dort aus nicht nur die bekannten Konfigurationen, sondern sogar sterbende Sonnen beobachten, und zwar mit bloßem Auge. Gülpe, das gerade einmal 160 Einwohner hat, ist der dunkelste Ort Deutschlands, mit einer Flächenhelligkeit von 21,78 (als »absolut dunkel« gilt 21,8), und wurde von der ›International Dark Sky Association‹ sogar in die Liste der dunkelsten Orte der Erde aufgenommen – sie zeichnet bestimmte Regionen mit einer Art Gütesiegel aus. Aus Kostengründen wird in Gülpe nachts die Straßenbeleuchtung ausgeschaltet, es ist dort dann manchmal tatsächlich kohlrabenschwarz. Auch die Nordseeinsel Pellworm versucht, als »Sterneninsel« mit geringerer Lichtverschmutzung, Anziehungspunkt für Milchstraßenbeobachter zu werden – und damit mehr Besucher während der Nebensaison anzuziehen. In Europa gilt der Nationalpark in den französischen Cevennen als das größte Gebiet mit geringer Lichtintensität.

Mit der Nutzung fossiler Brennstoffe und der Elektrizität kam überall künstliches Licht in die Welt. Das Licht bringt das Leben vieler Tiere aus dem Takt. Meeresvögel werden vom Licht der Ölbohrinseln in die Irre geführt: Sie kreisen bis zur Erschöpfung um solche Türme. Hochhäuser, in denen nachts das Licht brennt, ziehen Vögel an, häufig fliegen diese in die Fensterscheiben. Nachtfalter, darunter der »Braune Bär«, umfliegen Straßenbeleuchtungen, bis sie nicht mehr können. Von Autoscheinwerfern geblendete Frösche erblinden vorübergehend. Von Straßenlicht dauerbeleuchtete Pflanzen werden zu fast zwei Dritteln weniger von bestäubenden Insekten aufgesucht, als das unter Bedingungen der Dunkelheit der Fall ist. Kunstlicht stört zudem die Fortpflanzung der Insekten, ihr Aufkommen hat sich aus diesem und anderen Gründen wie dem Einsatz von Pestiziden dramatisch reduziert. Auch wurden schon Rotkehlchen beobachtet, die nachts in der Nähe von Straßenlaternen singen – was sie normalerweise nur tagsüber tun.

In Gewässern stört das Licht die gewohnten Prozesse ebenfalls. Wasserflöhe verbergen sich zum Schutz vor Fischen normalerweise am Grund eines Sees und kommen nur nachts an die Wasseroberfläche, um Algen zu fressen. Kunstlicht dringt mehr als zehn Meter in die Tiefe und verwirrt die Krebstiere, die meinen, es sei Tag und bleiben in ihren Verstecken. Das hat zur Folge, dass sich die Algen ungewöhnlich stark vermehren und die Fische nicht mehr genug Krebse zu fressen haben. Neuere Untersuchungen zeigen, dass selbst ozeanische Gewässer nicht vor störendem Licht gefeit sind. So kann sich das Licht, das von Schiffen ausgeht, seinen Weg bis in zweihundert Meter Tiefe bahnen und die dort beheimateten Lebewesen, sogar Plankton, in ihrem Verhalten stören. Einige Fischarten werden von künstlichem Licht abgeschreckt, andere zieht es an. Krabbenfänger in der Nordsee sind mit ihren Kuttern rund um die Uhr im Einsatz, holen ihre Netze aber oft während der Nacht ein, weil sich die nachtaktiven Tiere dann sicherer wähnen und leichter einsammeln lassen.

An Land bringt die nächtliche Lichtflut die Menschen um ihren Schlaf, Chronobiologen und Mediziner warnen gar vor einer starken Zunahme der Schlaflosigkeit. Einer Berechnung zufolge wurde die durchschnittliche tägliche Schlafdauer des Menschen durch die

Verbreitung von Glühbirnen um ganze eineinhalb Stunden verkürzt. Dieser Eingriff in den menschlichen Schlafrhythmus kann gesundheitliche Auswirkungen wie Depression, Übergewicht, selbst Krebserkrankungen zur Folge haben. Umgekehrt konnten Untersuchungen an Menschen, denen bewusst künstliche Beleuchtung entzogen wurde, zeigen, dass sich ihre innere biologische Uhr bald mit dem natürlichen Tag-Nacht-Rhythmus synchronisierte. Die Melatoninwerte bestätigten das: Im Zuge der Abenddämmerung stiegen sie an, gegen Mitternacht erreichten sie ihren Höhepunkt, bevor sie während der Morgendämmerung wieder fielen – also ganz in Übereinstimmung mit dem natürlichen Licht.

In Amerika setzte sich die Elektrifizierung früh und besonders schnell durch. Der französische Kulturkritiker Jean Baudrillard war geradezu davon besessen, das Licht während seines Streifzugs durch Kalifornien überall zu kommentieren. In seinem Reisebericht *Amerika* schreibt er:

>*Die amerikanische Angst lautet: die Feuer könnten ausgehen. Die ganze Nacht über brennen in den Häusern die Lichter. Die leeren Büros in den Towern bleiben die ganze Nacht erhellt. Am helllichten Tag fahren die Autos auf den freeways mit angeschalteten Scheinwerfern. Von Palms Ave bis Venice lässt jede kleine grocery, die in Vierteln, wo nach sieben Uhr abends keiner mehr auf die Straße geht, Bier ausschenkt, ihr Firmenschild die ganze Nacht über in grünem und orangenem Neon blinken, ins Leere hinein. Gar nicht zu reden von den Fernsehprogrammen rund um die Uhr, die oft halluzinatorisch in den leeren Räumen der Häuser oder in den nichtbesetzten Hotelzimmern laufen – wie in dem Hotel von Porterville mit den zerrissenen Vorhängen, dem abgedrehten Wasser, den in den Türangeln schlagenden Türen und den fluoreszierenden Mattscheiben, auf denen der Fernsehmoderator den Abflug eines Raumschiffes kommentiert.*«

Städte verbergen sich unter Glocken von Kunstlicht. Schon Walter Benjamin beobachtete: »Die Großstadt kennt keine eigentliche Abenddämmerung. Jedenfalls bringt die künstliche Beleuchtung diese um ihren Übergang in die Nacht. Der gleiche Umstand bewirkt, dass die Sterne am Himmel der Großstadt zurücktreten; am allerwenigsten wird ihr Aufgang bemerkt.« Staubpartikel in der Luft brechen das Licht zusätzlich. Und wenn der nächtliche Himmel durch Wolken verhangen ist, wird das Licht noch stärker reflektiert und die Stadt erscheint noch heller als sonst. Weniger entwickelte oder von wirtschaftlicher Flaute betroffene Länder bzw. Regionen sind dunkler. Nach dem Zusammenbruch der Sowjetunion zeigten Satellitenaufnahmen von einigen dicht bevölkerten, ehemals nachthellen Regionen nur wenig Licht.

Welche Abhilfe gibt es gegen die Lichtverschmutzung? Natriumdampf-Niederdrucklampen, die ein warmes, gelb-oranges Licht erzeugen, sind weniger störend als LED-Beleuchtung oder konventionelle Lampen zur Straßenbeleuchtung mit einem hohen Blaulichtanteil. Dort, wo nicht ständig Licht benötigt wird, können Bewegungsmelder eingesetzt werden. Und gen Himmel müssen Lampen ihr Licht nicht schicken; eine horizontale Abschirmung von Leuchtkörpern kann für Abhilfe sorgen. Nach Mitternacht lassen sich Lampen dimmen oder die zulässige Wattzahl wird begrenzt. Gleichzeitig gehen immer mehr Firmen dazu über, das Licht in ihren Bürotürmen nachts auf Notbeleuchtung zu drosseln oder ganz auszuschalten. Da die Dämmerung genug Streulicht übriglässt, können Straßenlaternen erst spät eingeschaltet werden, und in ohnehin hellen Sommernächten lässt sich auf jede zweite Laterne sogar ganz verzichten.

Noch immer aber werden sogenannte Skybeamer, die so hell wie kleine Sonnen leuchten und bis zu 30 Kilometer Reichweite haben, eingesetzt. Sie gelten als Attraktion – etwa über der schwarzen Pyramide des Luxor Hotels in Las Vegas. Die 39 Xenonlampen der Anlage leuchten so hell wie etwa 40 Milliarden Kerzen. Piloten können sich noch aus großer Entfernung an dem Lichtstrahl orientieren. Überhaupt dürfte Las Vegas zu den grellsten Orten der Welt zählen. In den Casinos sucht man vergeblich nach Uhren – damit hat man sich dort ganz vom Tag-Nacht-Rhythmus befreit. Doch auch in Europa wird an Licht nicht gespart: Große Teile der Niederlande etwa sind von Gewächshäusern überzogen, die nachts erhellt werden, um das Wachstum der Pflanzen rund um die Uhr zu ermöglichen und weniger von den Jahreszeiten abhängig zu machen. Oder anders formuliert: um auf identischer Fläche mehr Ertrag zu erwirtschaften. Der Fotograf Tom Hegen hat sie von oben, aus der Luft, aufgenommen – die Lichtfelder, unregelmäßig über die Landschaft verteilt, erinnern an abstrakte Kunstwerke. Von ihrer Ausdehnung her konkurrieren die Gewächshäuser mit den durch Flutlicht erhellten Fußballplätzen.

Schon länger wird zwischen der ›Schönheitsbeleuchtung‹ von Gebäuden bis Mitternacht und der ›Sicherheitsbeleuchtung‹ für die folgenden Nachtstunden unterschieden. Wenn jedes Jahr im März die öffentliche Beleuchtung für eine Stunde abgeschaltet wird, dient dies allerdings weniger der Bewusstseinsschärfung für die Lichtverschmutzung – bei der ›Earth Hour‹ geht es darum, auf die Notwendigkeit des Klimaschutzes zu verweisen. Auf einem schmalen Grat wandeln Lichtdesigner, die sich mit der Frage beschäftigen, wie sie die nächtliche Stadt verschönern können, ohne sie dabei auf eine Weise zu erhellen, die stört. Gezielt gesetzte Lichter helfen, Gebäude oder Anlagen im öffentlichen Raum dezent zu beleuchten, dabei die perspektivische Tiefe zu betonen und die Orientierung zu verbessern. Wasserfontänen werden mithilfe von Lichtstrahlern effektvoll in Szene gesetzt.

Lichtverschmutzung droht auch aus dem Weltraum. Wenn Zehntausende von Satelliten den Nachthimmel erhellen und die Sonne die Objekte im Orbit selbst auf der Nachtseite anstrahlt, geraten Astronomen in ernsthafte Schwierigkeiten. In der chinesischen Millionenstadt Chengdu will man auf diese Weise gar einen künstlichen Mond in den Himmel erheben, um die Stadt nachts zu erhellen. Ein mit einem Spiegelsystem versehener Satellit soll ein Gebiet von bis zu 80 Kilometer Durchmesser illuminieren, achtmal so hell strahlen wie der natürliche Vollmond und dann sogar die Straßenbeleuchtung überflüssig machen. Wenn sich der Leuchtkörper bewährt, sollen noch weitere folgen. Ideen wie diese kursierten schon früher. In den 1990er-Jahren gab es im Rahmen des russisch-europäischen Znamya-Projekts Versuche mit Satelliten, die Sonnenlicht auf die Erde reflektieren sollten. Man wollte eine ganze Kette von mit Parabolspiegeln ausgestatteten Satelliten in Umlaufbahnen bringen, wo sie dann mit dem Sonnenstand synchronisiert werden sollten. Bei einem erfolgreichen Versuch konnte einer von ihnen über einem etwa fünf Kilometer Durchmesser umfassenden Gebiet tatsächlich eine Helligkeit erzeugen, die der eines Vollmondes vergleichbar war. »Tageslicht für die ganze Nacht« war das Motto des Projekts, das in entlegenen Regionen Russlands, die zudem in lange Polarnächte getaucht waren, Arbeit rund um die Uhr ermöglichen sollte. Es kam jedoch zum Erliegen und wurde nicht weiterverfolgt.

All das sind Beispiele, wie der natürliche Wechsel von Tag und Nacht vollends auf den Kopf gestellt werden soll, um das zu schaffen, was der amerikanische Kunstkritiker Jonathan Crary treffend mit dem Titel seines Buches *24/7 – Schlaflos im Spätkapitalismus* (2014) umreißt – nämlich die »leere Zeit« des Schlafs mehr oder weniger abzuschaffen: »Der gewaltige Teil unseres Lebens, in dem wir schlafen, befreit von einer Vielzahl vorgespiegelter Bedürfnisse, besteht als eines der großen menschlichen Ärgernisse für die Gefräßigkeit des heutigen Kapitalismus fort.« Crarys Verständnis folgend wäre der allen Anstrengungen zum Trotz erkämpfte Schlaf ein Akt des Widerstandes gegen sich allenthalben aufdrängende Geschäftigkeit. Die Dunkelheit der Nacht als immer knappere Ressource, die es unbedingt zu verteidigen gilt.

Wem gehört die Nacht?

*E*s kostet ein paar Pfennige, nicht der Rede wert. Die Führung *dauer drei Stunden, geht durch Opiumhöhlen, Koskeller, Nackt-tanzdielen. Wer Berlin betritt, darf sich diese modernen Sehenswür-digkeiten nicht entgehen lassen«,* schrieb der Lokalreporter Egon Jakobsohn, der sich später ›Jameson‹ nannte, in den 1920er-Jahren über ein Angebot, das Nachtleben der Stadt kennenzulernen.

In Edinburgh kann man noch heutzutage an der »World Famous Underground Ghost Tour« teilnehmen. Dieser spätabendliche Streifzug führt in unterirdische Gewölbe, mit denen sich schaurige Geschichten verbinden, in die schummrigen Gassen der Altstadt, die sogenannten ›wynds‹, und zum ›Greyfriars Kyrkyard‹, von dem es heißt, er sei der verfluchteste Friedhof auf Erden und von Polter-geistern bevölkert. Der Führer selbst erscheint dabei im furchterre-genden Aufzug eines berüchtigten, schon »verstorbenen« Schotten. Alternativ kann man eine Tour am frühen Abend machen; sie ist dann für die ganze Familie geeignet, die dort erzählten Schauer-geschichten sind ein wenig entschärft. Ähnliche Angebote gibt es auch in vielen anderen Städten – Sydney, San Francisco oder Ham-burg etwa. In letzterem Fall sind nicht etwa St. Pauli und die Reeper-bahn Schauplatz, wie man vielleicht mutmaßen könnte; eine »fins-tere Atmosphäre« versprechen das sagenumwobene Nikolaiviertel, das Umfeld der Hauptkirche St. Katharinen und die Speicherstadt.

Das Ringen um das stimmige Verhältnis von Licht und Dunkel-heit geht unterdessen weiter. Es unterscheidet sich von Zeit zu Zeit, von Kultur zu Kultur. Wem was erlaubt ist und was nicht, wo es hell wird und wo es dunkel bleiben darf, wird immer neu verhandelt. Manche nächtlichen Gewohnheiten gibt es nur in bestimmten Ländern. An Wochenenden treffen sich viele Menschen in Spanien und Portugal erst spätabends in den Restaurants und spielen im Sommer sogar noch draußen mit den Kindern – die Menschen in den meisten anderen Ländern schlafen dann schon tief und fest. Spanier im südlichen Teil des Landes haben auch das Privileg, am Nachmittag die Arbeit ruhen zu lassen und sich für die Siesta zurückzuziehen. Dieser im Vergleich zu Nord- und Mitteleuropa andere Rhythmus bietet den Bewohnern des warmen Südens den Vorteil, mehr von der nächtlichen Kühle zu profitieren, sich bei erträglichen Temperaturen zu entspannen und die Geselligkeit zu pflegen.

Auch die Überwachung der nächtlichen Stadt erfolgt heute meist auf subtilere, unauffälligere Weise als in vergangenen Jahrhunderten, wo Ausgangssperren und rigide polizeiliche Überwachung gang und gäbe waren. Überwachungskameras mit der Möglichkeit biometrischer Gesichtserkennung und Bewegungsmelder sind häufig an deren Stelle getreten. Wenn es darum geht, im Dunkeln flüchtige Tatverdächtige aufzuspüren, etwa von einem Hubschrauber aus, können Infrarotsichtgeräte oder Kameras mit temperaturempfindlichen Sensoren zum Einsatz kommen. Der Schutzmantel der Dunkelheit ist ziemlich löchrig geworden.

Wenn die Sonne aufgeht

Drei Uhr morgens: Selbst standfeste Nachtschwärmer werden um diese Zeit bleiern müde. Auch bei Trinkfreudigen lässt spätestens jetzt die belebende Wirkung des Alkohols nach. In der ›dead of night‹ kommt alles zum Stillstand. Die Temperatur sinkt, das Zirpen der Grillen ebbt ab. Es ist so still, dass man weit entfernte Laute hören kann, die tagsüber im Grundgeräusch der Zivilisation untergehen würden. Glaubt man statistischen Erhebungen, ist es die Phase, in der die wenigsten Menschen ihre Dating-Apps benutzen. Jean-Paul Sartre meinte einmal: »Drei Uhr morgens ist immer zu früh und immer zu spät für das, was du vorhast.«

Im Portugiesischen und Spanischen belegt man diese Zeit des sehr frühen Morgens zwischen Mitternacht und Dämmerung mit dem schönen Wort ›madrugada‹. Eine ›madrugadora‹ bzw. ein ›madrugador‹ ist entsprechend jemand, der schon (oder noch) sehr früh zugange ist. Während des Ramadans, des Fastenmonats der Muslime, ziehen die Trommler zwischen drei und vier Uhr morgens singend durch die Straßen der Städte, um die gläubigen Muslime für die letzte Mahlzeit vor Sonnenaufgang und das Morgengebet zu wecken.

Bald naht die Zeit der Morgendämmerung. Im Persischen heißt der Moment des Zwielichts, wenn sich die Dämmerung zuerst bemerkbar macht, ›Gorg-o-mish‹ – es ist der Kampf der Nacht mit dem Tag, der Kampf des Wolfes mit dem Schaf, aus dem der Tag, also das Schaf, siegreich hervorgeht. Etwa ab dem 14. Jahrhundert ertönten von Kirchen zum Sonnenaufgang die Glocken – Papst

Johann XXII. hatte das Geläut 1326 verordnet. Es verband sich mit einem Gebet oder Morgenliedern. Der erste islamische Gebetsruf des Tages erfolgt zwischen Dämmerung und Sonnenaufgang.

Die Bauern, die vor Tagesanbruch tätig waren, orientierten sich noch an den Sternen, die sie mit bestimmten Namen belegten, und schätzten die Zeit nach deren Stand. Es war ein eindringlicher Beleg für eine intime Vertrautheit mit den Gestirnen und der Welt der Nacht, so wie die Menschen durch die Beobachtung des Nachthimmels überall auch Vorhersagen für die Entwicklung des Wetters zu treffen können glaubten.

Der amerikanische Schriftsteller Ambrose Bierce konnte mit einer besonders eigenwilligen Deutung dieser frühen Stunden aufwarten. In *Aus dem Wörterbuch des Teufels* heißt es dazu:

> *»Morgengrauen – Die Zeit, zu der vernünftige Leute ins Bett gehen. Manche Greise ziehen es vor, zu dieser Stunde aufzustehen, ein kaltes Bad zu nehmen und mit leerem Magen spazieren zu gehen. Stolz schreiben sie dann ihre robuste Gesundheit und ihr hohes Alter dieser Gewohnheit zu; in Wahrheit sind sie aber nicht dank, sondern trotz solcher Gewohnheit so alt und rüstig. Der Grund dafür, dass nur kräftige Männer dergleichen tun, ist, dass alle anderen, die es versucht haben, daran zugrunde gegangen sind.«*

Noch ist die Sonne nicht zu sehen, aber ihr Licht wird in der Atmosphäre schon sichtbar. Zuerst ist es nicht mehr als eine Ahnung, unmerklich erhellt sich der Himmel im Osten. Mond und Sterne sind gerade noch auszumachen, doch schon bald werden sie blasser, ein Stern nach dem anderen verschwindet. Es zeigen sich orange, rosa und in leichtem Rot gefärbte Wolken, die Morgenröte zieht auf. In den Tälern und in den Wäldern bleibt es noch etwas länger dunkel. Bald ist auch der Temperaturtiefpunkt überwunden. Man spricht davon, dass die Sonne »aufgeht«, dabei bewegen genau genommen wir uns mit der Erdrotation auf sie zu.

Schon vor Sonnenaufgang machen sich die ersten Vögel bemerkbar. Die Reihenfolge ihres Auftretens hängt dabei nicht nur von Region und Biotop, sondern auch von dem jeweiligen Wetter und den Lichtverhältnissen ab. Den Gartenrotschwanz kann man häufig schon neunzig Minuten vor Sonnenaufgang vernehmen, also wenn es noch stockdunkel ist. Bald darauf folgen Rotkehlchen und Singdrossel, dann Amsel, Kuckuck und Zaunkönig, bevor die verschiedenen Meisen, die Mönchsgrasmücke und der Zilpzalp loslegen. Es ist noch kühl und feucht, zu früh für sie, um auf Nahrungssuche zu gehen. Sie singen sich warm. Die höhere Luftfeuchtigkeit zu dieser Zeit hat auch den Effekt, dass die Klangwellen besser weitergetragen und Rivalen wie mögliche Partner sensibilisiert werden – meistens sind es die Männchen, die trällern.

Ähnlich wie die Tiere haben auch wir Menschen eine innere biologische Uhr. Das erklärt, warum viele immer zu ungefähr derselben Zeit wach werden. Oder kurz bevor der Wecker sie daran erinnert. Nun ist auch die Zeit der »dawn raids« gekommen, der »Überfälle« im Morgengrauen. Spezialisten stellen belastende Unterlagen oder elektronische Dateien sicher, nehmen noch schlafende Kriminelle fest oder tätigen überraschend, frühzeitig und oft verdeckt Käufe oder Verkäufe an den Finanzmärkten.

Altem Aberglauben zufolge sind am frühen Morgen noch die Nachtgeister am Werke. Wenn Kinder sich vor dem Gang ins Freie nicht mit Weihwasser benetzen, so meinte man in der Pfalz, liefen sie Gefahr, in die Gewalt des Teufels zu fallen. Um sich vor der Missgunst böser Geister zu schützen, wurde die Forderung erhoben, »dass man am Morgen nicht singen und pfeifen, nicht allzu früh jubeln, den Tag nicht vor dem Abend loben soll«. Für den Hahn, der mit allen Kräften seine ersten Schreie erklingen lässt, gilt das freilich nicht.

Auch wenn der Ablauf der morgendlichen Dämmerung an die des Abends erinnert, verhalten sich die beiden Phasen nicht spiegelbildlich, denn die jeweiligen atmosphärischen Bedingungen sind andere. Oft zeigt sich die Morgendämmerung klarer, weniger dramatisch als die abendliche, denn der tagsüber aufgewirbelte Staub hat sich in der Nacht gelegt, das morgendliche Licht kann sich nicht an ihm brechen und keine Rottöne hervorrufen, wie es eben nur am Abend geschieht.

Mit der Morgendämmerung beginnt die Zeit der Klarheit. All diejenigen, die in ihrem Rhythmus noch auf Nacht getaktet sind oder einfach nicht müde werden wollen, stört das Tageslicht. An kaum einem anderen Ort dürfte sich der Gegensatz von übernächtigten Nachtschwärmern und ausgeschlafenen Angestellten und Arbeitern so deutlich offenbaren, wie in den ersten Zügen der U-Bahn.

Hier endet der Parcours durch die Vorstellungen, die sich mit der Nacht verbinden, denn auf dieser Seite der Erdkugel ist der Tag gekommen. Aber auf der anderen Seite beginnt die Nacht.

Anhang

Weiterführende Literatur

A

ANDRIĆ, IVO. *Insomnia. Nachtgedanken.* Wien: Paul Zsolnay 2020 (Herausgabe und Übersetzung von Michael Martens)

B

BAUDELAIRE, CHARLES. *Die Paradiese des Teufels oder Der Spleen von Paris. 50 Nocturnes.* Leipzig: Haffmanns Verlag bei Zweitausendundeins 2021 (Übersetzung von Franziska und Fritz van Eycken)

BAUDRILLARD, JEAN. *Amerika.* München: Matthes & Seitz 1987 (Übersetzung von Michaela Ott)

BEHRINGER, WOLFGANG. *Chonrad Stoeckhlin und die Nachtschar: Eine Geschichte aus der frühen Neuzeit.* München: Piper 1994

BENJAMIN, WALTER. *Das Passagen-Werk.* Frankfurt am Main: Suhrkamp 1982

BIERCE, AMBROSE. *Aus dem Wörterbuch des Teufels.* Frankfurt am Main: Insel 1966 (Übersetzung von Dieter E. Zimmer)

BÖLSCHE, WILHELM. *Der singende Baum: Neue Nachrichten aus dem Paradiese.* Leipzig: E. Haberland 1930

BOGARD, PAUL. *Die Nacht: Reise in eine verschwindende Welt.* Karl Blessing 2014 (Übersetzung von Yvonne Badal)

BORCHHARDT-BIRBAUMER, BRIGITTE. *Imago noctis: Die Nacht in der Kunst des Abendlandes.* Wien: Böhlau 2003

BORGES, JORGE LUIS. *Inquisitionen. Essays 1941–1952.* München: Carl
Hanser 1992

BRONFEN, ELISABETH. *Tiefer als der Tag gedacht: Eine Kulturgeschichte
der Nacht.* München: Carl Hanser 2008

BREHM, ALFRED EDMUND. *Brehms Tierleben: Eine allgemeine Kunde
des Thierreichs.* Hildburghausen: Bibliographisches Institut ab 1864

BRETONNE, RÉTIF DE LA. *Die Nächte von Paris.* Berlin: Galiani 2019
(Übersetzung von Reinhard Kaiser)

C

CABANTOUS, ALAIN. *Histoire de la nuit: XVIIe–XVIIIe siècle.*
Paris: Librairie Arthème Fayard 2009

CALDWELL, MARK. *New York Night: The Mystique and its History.*
New York: Simon and Schuster 2006

CAMUS, ALBERT. *Hochzeit des Lichts.* Zürich: Arche 2013
(Übersetzung von Peter Gan und Monique Lang)

CANETTI, ELIAS. *Die Stimmen von Marrakesch. Aufzeichnungen nach
einer Reise.* München: Carl Hanser Verlag 1967

CARCOPINO, JÉRÔME. *Leben und Kultur in der Kaiserzeit.* Stuttgart:
Philipp Reclam 1986

CÉLINE, LOUIS-FERDINAND. *Reise ans Ende der Nacht.* Reinbek:
Rowohlt 2003 (Übersetzung von Hinrich Schmidt-Henkel)

CHATEAUBRIAND, FRANÇOIS-RENÉ DE. *Memoiren.* Stuttgart:
Franckh'sche Verlagshandlung 1849 (Übersetzung von Gottlob Fink)

CLARE, JOHN. *Reise aus Essex und andere Selbstzeugnisse.* Berlin:
Matthes & Seitz 2017 (Übersetzung von Esther Kinsky)

CRARY, JONATHAN. *24/7: Schlaflos im Spätkapitalismus.* Berlin: Verlag
Klaus Wagenbach 2014 (Übersetzung von Thomas Laugstien)

D

DELUMEAU, JEAN. *Angst im Abendland: Die Geschichte kollektiver
Ängste im Europa des 14. bis 18. Jahrhunderts.* Reinbek: Rowohlt 1985
(Übersetzung von Monika Hübner, Gabriele Konder und Martina
Roters-Burck)

DROSTE-HÜLSHOFF, ANNETTE VON. *Gedichte.* Stuttgart: Reclam 1974

DÜLMEN, RICHARD VAN (HRSG.). *Hexenwelten: Magie und Imagination.* Frankfurt am Main: Fischer 1987

DURAS, MARGUERITE. *Der Liebhaber.* Frankfurt am Main: Suhrkamp 1985 (Übersetzung von Ilma Rakusa)

E

EKIRCH, A. Roger. *In der Stunde der Nacht: Eine Geschichte der Dunkelheit.* Bergisch-Gladbach: Lübbe 2006 (Übersetzung von Arnd Kösling)

F

FISCHER, ERNST PETER. *Durch die Nacht: Eine Naturgeschichte der Dunkelheit.* München: Siedler Verlag 2015

FŒSSEL, MICHAËL. *La Nuit: Vivre sans témoin.* Paris: Éditions Autrement 2017

G

GABRIEL, ALFONS. *Durch Persiens Wüsten: Neue Wanderungen in den Trockenräumen Innerirans.* Stuttgart: Strecker & Schröder 1935

GANDZ, SOLOMON. »The Zodiacal Light in Semitic Mythology«. In: *Proceedings of the American Academy for Jewish Research.* Vol. 13 (1943)

GURJEWITSCH, AARON J. *Das Weltbild des mittelalterlichen Menschen.* München: C. H. Beck 1997 (Übersetzung von Gabriele Loßack)

H

HAARDT, ROBERT. *Zur Technik des Reisens.* Wien: Druck- und Kommissions-Verlag der Gesellschaft für graphische Industrie 1920

HAUSIUS, KARL GOTTLOB. *Erklärungen aus der Naturgeschichte und allerlei Weltwissen für die Jugend.* Berlin: Verlag Das kulturelle Gedächtnis 2019

HESSE, HERMANN. *Aufzeichnungen von einer Badener Kur.* Frankfurt am Main: Suhrkamp 1977

HUFELAND, CHRISTOPH WILHELM. *Die Kunst das menschliche Leben zu verlängern.* Jena: Akademische Buchhandlung 1796

I

IRWIN, ROBERT. *Die Welt von Tausendundeiner Nacht.* Frankfurt am Main: Insel Verlag 1997 (Übersetzung von Wiebke Walther)

K

KLINGEMANN, AUGUST. *Nachtwachen von Bonaventura.* Frankfurt am Main: Insel 1974

KNOCH, HABBO. *Grandhotels: Luxusräume und Gesellschaftswandel in New York, London und Berlin um 1900.* Göttingen: Wallstein 2016

KOLB, ULRIKE. *Die Schlaflosen.* Göttingen: Wallstein 2013

KOSLOFSKY, CRAIG. *Evening's Empire: A History of the Night in Early Modern Europe.* New York: Cambridge University Press 2011

KRÜNITZ, JOHANN GEORG. *Oekonomische Encyklopädie.* Berlin: Verlag Joachim Pauli ab 1773

L

LA ROCHE, SOPHIE VON. *Tagebuch einer Reise durch England und Holland.* Offenbach am Main: Weiß und Brede 1788

LAGERLÖF, SELMA. *Geschichten zur Weihnachtszeit.* Stuttgart: Nymphenburger in der F. A. Herbig Verlagsgesellschaft 1967 (»Eine Weihnachtsgeschichte«, Übersetzung von Ilsemarie Landgraf)

LAPHAM'S QUARTERLY. *Night.* Winter 2019

LUCK, GEORG. *Rätische Alpensagen. Gestalten und Bilder aus der Sagenwelt Graubündens.* Davos: Druck und Verlag der Buchdruckerei Davos 1902

LUKIAN. *Die Hauptwerke des Lukian.* Berlin: De Gruyter 2014 (Übersetzung von Karl Mras)

M

MANGUEL, ALBERTO. *Die Bibliothek bei Nacht.* Frankfurt am Main: S. Fischer 2009 (Übersetzung von Gabriele Kempf-Allié und Manfred Allié)

MANN, KLAUS. *Das zwölfhundertste Hotelzimmer: Ein Lesebuch.* Reinbek: Rowohlt 2006

MANN, THOMAS. *Bekenntnisse des Hochstaplers Felix Krull. Der Memoiren erster Teil.* Frankfurt am Main: S. Fischer 2010

MARTÍ, JOSÉ. *Obras completas, volumen 16 poesía.* La Habana: Centro de Estudios Martinianos, Editorial de Ciencias Sociales 2011 (Übersetzung von José Aníbal Campos González)

MAUPASSANT, GUY DE. *Novelletten.* Dresden und Leipzig: E. Pierson's Verlag 1893 (Übersetzung von Julius Pfenninger)

MELBIN, MURRAY. *Night as Frontier: Colonizing the World After Dark.* New York: The Free Press 1987

MONSIVÁIS, CARLOS. *Los Rituales Del Caos.* Mexico City: Era 1995

MUDRAK, EDMUND. *Das grosse Buch der Volkssagen.* Reutlingen: Ensslin und Laiblin 1959

N

NANSEN, FRIDTJOF. *In Nacht und Eis: Die norwegische Polarexpedition.* Leipzig: F. A. Brockhaus 1897

NEMEITZ, CHRISTOPH. *Séjour de Paris: Anleitungen, wie Reisende sich in Paris zu verhalten haben.* Frankfurt am Main: Friedrich Wilhelm Förster 1718

O

OSTEN, PHILIPP. *Das Tor zur Seele: Schlaf, Somnambulismus und Hellsehen im frühen 19. Jahrhundert.* Paderborn: Ferdinand Schöningh 2015

P

PALMER, BRYAN D. *Cultures of Darkness. Night Travels in the Histories of Transgression.* New York: Monthly Review Press 2002

PÉGUY, CHARLES. *Œuvres poétiques complètes.* Paris: Gallimard 1967 (zitiert nach Seitter)

PESSOA, FERNANDO. *Das Buch der Unruhe des Hilfsarbeiters Bernardo Soares.* Zürich: Ammann Verlag 2003 (Übersetzung von Inés Koebel auf der Grundlage der Übersetzung von Georg Rudolf Lind)

PIEPER, JAN. »Ein Nachtgarten in Rajasthan«. In: *Daidalos* 25 / 1988

PIEPER, JAN. *Das Labyrinthische. Die Idee des Verborgenen, Rätselhaften, Schwierigen in der Geschichte der Architektur.* Berlin: Birkhäuser 2009

PREISENDÖRFER, BRUNO. *Als Deutschland noch nicht Deutschland war. Eine Reise in die Goethezeit.* Berlin: Verlag Galiani Berlin 2015

PROUST, MARCEL. *Auf der Suche nach der verlorenen Zeit.* Frankfurt am Main: Suhrkamp 2000

R

REBMANN, GEORG FRIEDRICH. *Kosmopolitische Wanderung durch einen Teil Deutschlands.* Leipzig: Heinsius 1793

RILKE, RAINER MARIA. *Duineser Elegien.* Leipzig: Insel 1923

ROTHENBERG, DAVID. *Stadt der Nachtigallen: Berlins perfekter Sound.* Reinbek: Rowohlt 2020

S

SAINT-EXUPÉRY, ANTOINE DE. *Nachtflug.* Frankfurt am Main: S. Fischer 1988 (neu bearbeitete Übersetzung von Hans Reisiger)

SANUTO, MARINO. »Ein schwarzes Gastmahl bei Lorenzo Strozzi«. In: *Welt der Renaissance,* hrsg. von Tobias Roth. Berlin: Verlag Galiani Berlin 2020 (Übersetzung von Tobias Roth)

SAVINIO, ALBERTO. *Mein privates Lexikon.* Frankfurt am Main: Eichborn 2005 (Übersetzung von Christine Wolter)

SCHIVELBUSCH, WOLFGANG. *Lichtblicke: Zur Geschichte der künstlichen Helligkeit im 19. Jahrhundert.* München: Hanser Verlag 1983

SCHLÖR, JOACHIM. *Nachts in der großen Stadt: Paris, Berlin, London 1840–1930.* München: Artemis & Winkler 1994

SCHLÖR, JOACHIM (HRSG.). *Wenn es Nacht wird: Streifzüge durch die Großstadt.* Stuttgart: Philipp Reclam jun. 1994

SCHMITZ, HERMANN HARRY. *Der Säugling und andere Tragikomödien.* Leipzig: Ernst Rowohlt 1911

SEGHERS, ANNA. *Transit.* Konstanz: Curt Weller 1948

SEITTER, WALTER. *Geschichte der Nacht.* Berlin und Bodenheim: Philo Verlagsgesellschaft 1999

SUMMERS-BREMNER, ELUNED. *Insomnia: a cultural history.* London: Reaktion Books 2008

T

THÉRAME, VICTORIA. *Die Taxifahrerin.* Reinbek: Rowohlt 1978 (Übersetzung von Uli Aumüller)

THOREAU, HENRY DAVID. *Walden oder Vom Leben im Wald.* Zürich: Manesse 2020 (Übersetzung von Fritz Güttinger)

TSCHECHOW, ANTON. »Ein Fall aus der Praxis«. In: *Die Dame mit dem Hündchen.* Ditzingen: Reclam 1996

W

WEEBER, KARL-WILHELM. *Nachtleben im alten Rom.* Darmstadt: Wissenschaftliche Buchgesellschaft / Theiss 2016

WILLMS, JOHANNES. *Paris: Hauptstadt Europas 1800–1914.* München: C. H. Beck 2000

Z

ZWEIG, STEFAN. *Phantastische Nacht.* Berlin: S. Fischer 1922

Personenverzeichnis

A

Allen, Woody 107
Andersen, Hans Christian 156
Anderson, Laurie 22
Andrić, Ivo 39
Argand, Aimé 87, 161
Aristoteles 44 f.
Arnim, Bettina von 39

B

Baker, Josephine 108
Balzac, Honoré de 37
Baudelaire, Charles 106, 134
Baudrillard, Jean 168
Beals, Jessie Tarbox 153
Beer, Wilhelm 123
Bekker, Balthasar 143
Bellini, Vincenzo 40
Benjamin, Walter 49, 169
Bessel, Friedrich Wilhelm 149
Beutel, Tobias 86
Bierce, Ambrose 175
Bingen, Hildegard von 72

Blake, William 10
Böcklin, Arnold 148
Bölsche, Wilhelm 68
Bonaparte, Napoleon 32
Borges, Jorge Luis 43 f.
Bourdillon, Francis William 23
Brehm, Alfred 61
Bretonne, Nicolas Rétif de la
 101, 136
Brontë, Charlotte 34
Brontë, Emily 34
Bruchac, Joseph 74
Bulgakow, Michael 141
Buñuel, Luis 108
Byron, Lord 146

C

Camus, Albert 160
Canetti, Elias 113
Caravaggio 152
Carcopino, Jérôme 75
Céline, Louis-Ferdinand 18
Cervantes, Miguel de 31
Chateaubriand,
 François-René de 16

Chaucer, Geoffrey 24

Christie, Agatha 26

Cioran, Emil 35

Clare, John 90

Coleridge, Samuel Taylor 43 f.

Cox, Trevor 17 f.

Crary, Jonathan 171

Culver, Roger 122

D

Daguerre, Louis 152

Dalén, Gustaf 162

Dalí, Salvador 108

Delumeau, Jean 74, 80 f.

Dickens, Charles 32, 102 f.

Dinev, Dimitré 38

Dostojewski, Fjodor 23

Drăculea, Vlad III. 147

Draper, John William 153

Droste-Hülshoff,
   Annette von 124

Drummond, William 23

Duras, Marguerite 18, 21

E

Edison, Thomas 91

Eichendorff, Joseph von 99

Ekirch, Roger 31 f., 137

Elgar, Edward 29

Elmswell, Henry Best of 32

Elsheimer, Adam 152

F

Fellig, Arthur »Weegee« 153

Fitzgerald, F. Scott 108

Flammarion, Camille 125

Freud, Sigmund 45

Friedrich Wilhelm I.
   (»Soldatenkönig«) 86

Friedrich, Caspar David 152

Füssli, Johann Heinrich 142

G

Gabriel, Alfons 17

Galilei, Galileo 122, 152

Gandhi, Mahatma 22

Gandz, Solomon 158

Gaynor, Kaitlyn 58

Gelb, Adhémar 123

Geuder, Johann 89

Gilchrist, Octavius 90

Goethe, Johann Wolfgang von 23,
   96, 100, 141, 148

Goll, Yvan 109

Guerlain, Jacques 9 f.

Gurjewitsch, Aaron J. 71

H

Haardt, Robert 26

Halász, Gyula (Brassaï) 153

Hals, Franz 134

Haltrich, Josef 128

Hardy, Thomas 11

Harriot, Thomas 122

Hausius, Karl Gottlob 144

Hegen, Tom 170

Hellpach, Willy 108

Hemingway, Ernest 108

Herloßsohn, Carl 42

Hesse, Hermann 28

Holbein der Ältere, Hans 134

Honthorst, Gerard van 152

Hopper, Edward 154 f.

Howe, Elias 42

Hufeland, Christoph Wilhelm
  130 f.

Humboldt, Alexander von 125

I

Irwin, Robert 46

J

Jakobsohn, Egon (»Jameson«) 172

Papst Johann XXII. 174

Johnson, Jack 111

Johnson, Samuel 126

Juvenal 75

K

Kahn, Albert 108

Kardinal Richelieu 89

Kekulé, Friedrich August 42

Kelly, Ivan 122

Kieślowski, Krzysztof 54

King, Martin Luther 22

Kitchen, Karl K. 109

Klingemann, August
  (»Bonaventura«) 98

Kolb, Ulrike 35

Kortlandt, Adriaan 65

Koslofsky, Craig 73

Kracauer, Siegfried 111

Kreuz, Johannes vom (Juan de
  Yepes y Álvarez) 73

Krünitz, Johann Georg 80, 84 f.,
  127

L

La Roche, Sophie von 92

Lagerlöf, Selma 130

Lateranus 76

Lavoisier, Antoine Laurent de 86

Lessing, Gotthold Ephraim 95

Lichtenberg, Georg Christoph 7

Link, O. Winston 153

Lippershey, Hans 122

Lovecraft, H. P. 38

Luther, Martin 140

M

Mädler, Johann Heinrich von 123

Manguel, Alberto 20

Mann, Klaus 28

Mann, Thomas 29, 39

Marcellinus, Ammianus 76, 83

Marinetti, Filippo Tommaso 109

Marlowe, Christopher 141

Martí, José 37

Marx, Karl 165

Maupassant, Guy de 69, 104 f.

Medeiros, Sylvia 66

Megenburg, Konrad von 63

Dietz, Meister Johann
(des Großen Kurfürsten
Feldscher) 25

Mendelejew, Dimitri 42

Merseburg, Thietmar von
(Bischof) 72

Mesmer, Frank Anton 40

Miller, Henry 153

Milton, John 23

Monaco, Fürst von 90

Monsiváis, Carlos 117

Montaigne, Michel de 94

Montesquieu 89

Morrison, Toni 38

Murnau, Fritz 147

N

Nagelmackers, Georges 25

Nansen, Fridtjof 157

Nemeitz, Christoph 83

Nero, Kaiser 138

Nietzsche, Friedrich 37

Norberg, Jonas 161

Notman, William 153

Novalis 23, 95

O

Olbers, Heinrich Wilhelm
Matthias 121

Ovid 76, 117

P

Papinius, Sextus 77

Péguy, Charles 12

Pepys, Samuel 24, 135

Pessoa, Fernando 54

Picasso, Pablo 108

Pieper, Jan 49, 69 f.

Polgar, Alfred 26

Polidori, John 146

Proust, Marcel 35, 129

Purchas, Samuel 43

R

Rebmann, Georg Friedrich 79

Rheticus, Georg Joachim 72

Riemer, Friedrich Wilhelm 100

Rilke, Rainer Maria 64

Rothenberg, David 59

Rotton, James 122

Rousseau, Jean-Jacques 78

S

Saint-Exupéry, Antoine de 159

Samosata, Lukian von 47

Sanuto, Marino 52 f.

Sartre, Jean-Paul 174

Savinio, Alberto 46 f.

Schivelbusch, Wolfgang 88, 91

Schlör, Joachim 93

Schmitz, Hermann Harry 132 f.

Schopenhauer, Arthur 41, 44

Schreck, Max 147

Scott, Ridley 155

Seghers, Anna 33

Seneca 77

Sexton, Anne 22

Shakespeare, William 100, 143, 151

Shelley, Mary 146

Shelley, Percy Bysshe 146

Spallanzani, Lazzaro 57

Stein, Charlotte von 96

Stein, Gertrude 108

Steinbeck, John 42

Sterne, Laurence 135

Stoker, Bram 147

T

Tacitus 137

Tartini, Giuseppe 46

Tenon, Jacques René 135

Thérame, Victoria 114 f.

Thoreau, Henry David 63

Tizian 152

Toulouse-Lautrec, Henri de 107

Truffaut, François 154

Tschechow, Anton 34

V

Varro 77

Vinci, Leonardo da 32, 125, 151

W

Weber, Johann Gottfried 136

Wirz, Mario 29 f.

Z

Zweig, Stefan 110

Danksagung

Mein Dank gebührt Wolfgang Hörner, Henry Riechers, Beate Berger, Detlef Feußner, Dr. Bruno Preisendörfer, Dr. Anja Hirsch, Kelly Burdick, Leili Vatani, Beril Kılıç, Eva Schöning, Ira Bergmann, Nazire Ergün, José Aníbal Campos González, Johanna Romberg, Dr. Jette Anders sowie Prof. Christian Ide und den Studentinnen und Studenten des Studienganges Buch- und Medienproduktion, Lehrgebiet Verlagsproduktion, der Hochschule für Technik, Wirtschaft und Kultur Leipzig, die das Buch gestaltet haben.

Die Verantwortung für eventuelle Fehler liegt allein bei mir.

Über das Buch

Jahrtausendelang gab die Natur einen festen Rhythmus vor. Am Tag herrschte rege Geschäftigkeit – doch nach Sonnenuntergang sank alles in die Welt des Schlafs und der Träume. Nur nachtaktive Geschöpfe und leidenschaftliche Noctivaganten wie Goethe, der bei Mondschein schwimmen ging, genossen die Dunkelheit.

Aktivitäten der Nacht haftete stets etwas Subversives, Verbotenes, Aufregendes an. Doch mit der Erfindung künstlicher Beleuchtung kam der Nacht immer mehr ihr Mythos abhanden. Straßenlaternen machten die Nacht zum Tag. »Töten wir das Mondlicht« war der Schlachtruf der Futuristen, deren Bewegung mit dem Aufkommen von legendenumwobenen Nachtclubs, Tanzpalästen und dem Berliner *Cabaret* einherging.

Echte Finsternis finden wir heutzutage nur an entlegenen Orten oder paradoxerweise in künstlich geschaffenen Umgebungen, die den Tag zur Nacht machen: Nachttierhäusern oder Dunkelrestaurants, die sich großer Beliebtheit erfreuen.

In Bernd Brunners *Buch der Nacht* begegnen wir mystischen Nachtgestalten, Aberglaube und Bräuchen und begeben uns auf eine Entdeckungsreise, die uns darüber staunen lässt, welche Geheimnisse die Nacht bis heute birgt.

Über den Autor

BERND BRUNNER studierte in Berlin und Seattle und ist Autor einer Reihe von Sachbüchern. Bei Galiani Berlin sind erschienen: *Die Erfindung des Nordens – Kulturgeschichte einer Himmelsrichtung* (2019), *Als die Winter noch Winter waren – Geschichte einer Jahreszeit* (2016), *Ornithomania – Geschichte einer besonderen Leidenschaft* (2015), *Die Kunst des Liegens – Handbuch der horizontalen Lebensweise* (2012)

Aus Verantwortung für die Umwelt hat sich der *Verlag Galiani Berlin* zu einer nachhaltigen Buchproduktion verpflichtet. Der bewusste Umgang mit unseren Ressourcen, der Schutz unseres Klimas und der Natur gehören zu unseren obersten Unternehmenszielen.
Gemeinsam mit unseren Partnern und Lieferanten setzen wir uns für eine klimaneutrale Buchproduktion ein, die den Erwerb von Klimazertifikaten zur Kompensation des CO_2-Ausstoßes einschließt.

Weitere Informationen finden Sie unter *www.klimaneutralerverlag.de*

Die Gesamtgestaltung dieses Bandes wurde von Anne Blanke und Pauline Schröers als Projekt im Studiengang Buch- und Medienproduktion der HTWK Leipzig entwickelt.

Verlag Kiepenheuer & Witsch, FSC-N001512

1. Auflage 2021

Verlag Galiani Berlin
© 2021, Verlag Kiepenheuer & Witsch, Köln
Alle Rechte vorbehalten
Covergestaltung und Typografie Anne Blanke und Pauline Schröers
Lektorat Wolfgang Hörner
Gesetzt aus der Kepler
Satz Wilhelm Vornehm, München
Druck und Bindung Mohn Media Mohndruck GmbH, Gütersloh
ISBN 978-3-86971-230-7

Weitere Informationen zu unserem Programm
finden Sie unter *www.galiani.de*